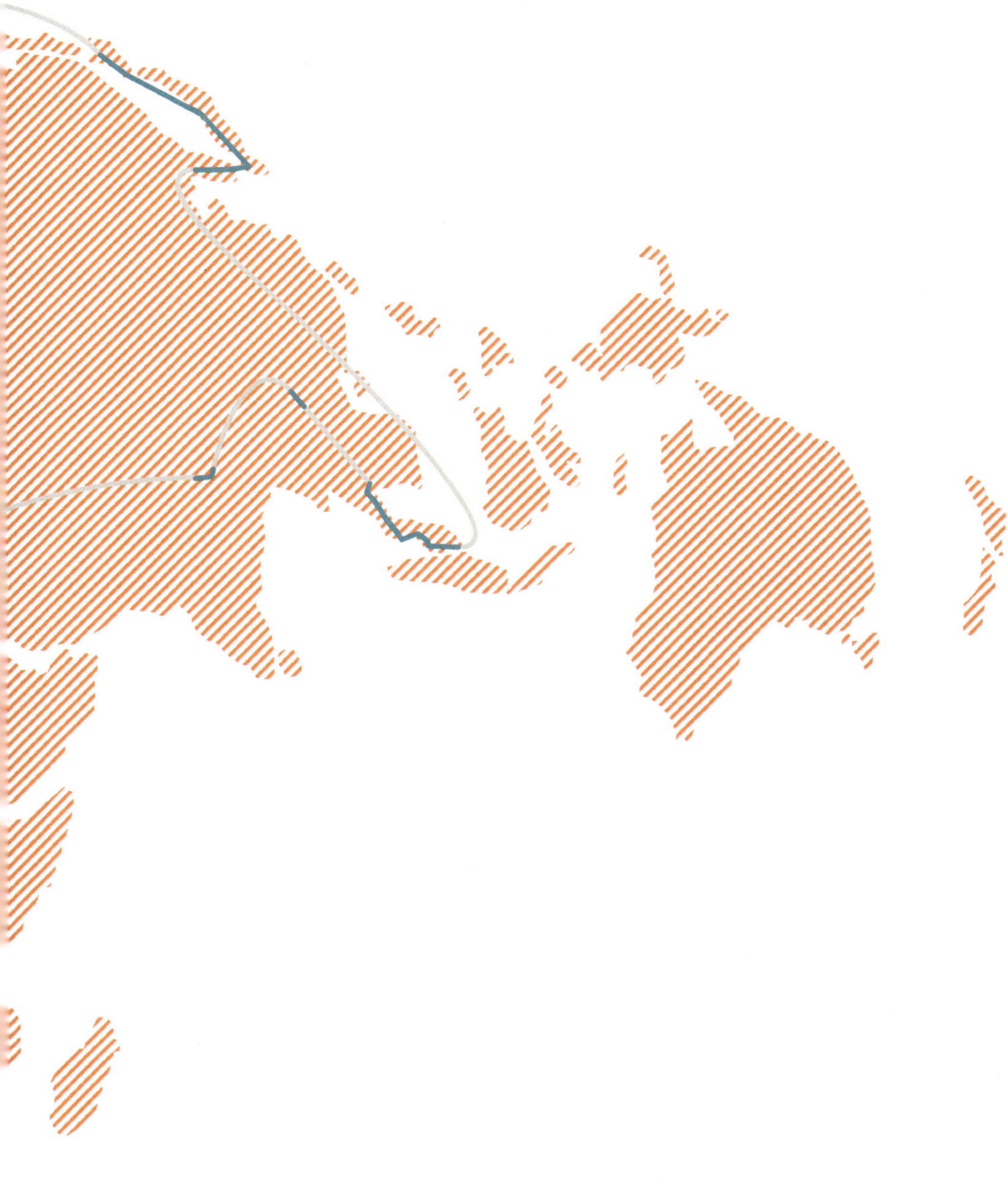

Caroline Lopez

ABENTEUERKÜCHE

2 Franzosen, 24 Länder, 32 Rezepte

Fotos von Anthony Laguerre

Vorwort von Martine Camillieri

aus dem Französischen übersetzt
von Frauke Watson

Deutsche Verlags-Anstalt

INHALT

Caroline und Anthony, wenn ich mir eure Reiseroute anschaue, dann kommt mir das Bild einer großen Möwe in den Sinn, die mit mächtigen, gleichmäßigen Flügelschlägen 400 Tage lang über die Landkarte von Google Earth hinwegsegelt. Ihr jedoch, spatzenklein auf euren Klappfahrrädern, musstet diese immense Reise von 10.000 Kilometern immer wieder unterbrechen, um nach Nahrung für eure Mahlzeiten zu suchen und eure Energiereserven aufzufrischen!

Ein Buch mit dem Titel *Abenteuerküche*... Was genau ist das eigentlich? Ein Reisetagebuch, eine praktische Anleitung zum Kochen unterwegs – oder ein Abenteuerbuch zweier begeisterter Radfahrer, in dem das Essen und seine Zubereitung die Hauptrollen spielen ?
Es ist schwer zu sagen. Auf jeden Fall ist dieses Buch ein Kunstwerk voller Poesie und Schönheit. Es ist ganz sicher Kunst! Vielleicht Eat Art? Würde es auch uns gelingen, so kunstvolle Menüs mit ebenso wenigen Mitteln zu kreieren?

Schaut man sich alles genauer an, so scheint bei Caroline alles ganz *einfach* zu sein: Hat man keinen Ofen, nimmt man eben die Pfanne; fehlt es an Butter, verwendet man eine Avocado. Wir sehen ihr dabei zu, wie sie in atemberaubenden Landschaften mit ihrer winzigen Ausstattung und ihren geradezu minimalistischen Zutaten herumhantiert – und ein paar Fotos vom Titicacasee später präsentiert sie Anthonys Kameralinse wunderbare schokoladige Brownies mit weichem Kern, und das vor einem Hintergrund von tiefstem, strahlendem Himmelsblau! Oder mitten in Bolivien, im Salar de Uyuni, der größten Salzpfanne der Erde, zaubert sie frische Gnocchi, gewürzt mit ein wenig geriebener Muskatnuss darüber. Eine von Anthonys wunderschönen Aufnahmen hält diesen Moment fest – sie zeigt Carolines durch die lange Reise sonnengebräunte Hände, ein Messer, die Muskatnuss... und die so bescheidene Nuss bekommt vor diesem Hintergrund eine geradezu kosmische Macht, sie wird zu einem winzigen Planeten, den zwei kleine Prinzen auf dem Fahrrad umrunden!

Wir alle – eure begeisterten Fans, eure Eltern, Freunde und wir vom Studio Exquisite, die wir eure Reise praktisch Umdrehung für Umdrehung mitverfolgt und jede neue Postkarte eurer kulinarischen Reisestationen begeistert in Empfang genommen haben –, wir alle haben dieses Buch sehnsüchtig erwartet. Und das gilt nicht nur für uns, sondern auch für all jene, die dieses Buch jetzt zufällig im Regal einer Buchhandlung entdecken und plötzlich feststellen, dass sie auf solch ein praktisches Freiluftkochbuch eigentlich schon immer gewartet haben – voller Poesie, voller umwerfender Landschaftsbilder und voller Lebensfreude.

Reisekochbuch? Abenteuerbuch? Tipps und Tricks für unterwegs? Dieses Buch ist schwer einzuordnen, aber eines ist sicher: Man findet es hundertprozentig im Regal der Bücher, die man einfach haben muss!

Martine Camillieri

Martine Camillieri ist Autorin, Künstlerin und Set-Designerin. Nach einer Karriere in der Werbung gilt ihr Interesse nun dem Umweltschutz, dem Recycling und der Erhaltung der Artenvielfalt; ihre Installationen und Arbeiten prangern die Konsequenzen unseres Überkonsums an. Ihr in Frankreich erschienenes Buch *Jamais sans mon Kmion* handelt von *slow travel* und minimalistischem Kochen. Mehr dazu unter www.martinecamillieri.com.

Vulkan Lanín, ARGENTINIEN/CHILE

Dieses Buch ist vor allem der Bericht einer großen Reise. Einer 10.000 Kilometer langen Fahrradtour in 400 Tagen.

Auf dem Fahrrad bewegt man sich nur durch die eigene Körperkraft vorwärts. Das ist die ideale Geschwindigkeit, um in Ruhe nachzudenken, ohne sich dabei zu langweilen. Unterwegs, Tag und Nacht unter freiem Himmel, ist man der Wirklichkeit schonungslos ausgesetzt – Regen, Wind, Kälte und Feuchtigkeit, Geräuschen und Gerüchen ... Der Umwelt komplett ausgeliefert empfinden wir Freude, Hunger, Enttäuschung und Müdigkeit umso stärker. Unser ganzes Sein wird infrage gestellt – körperlich, seelisch, geistig. Unter diesen Umständen bekommt die Nahrung eine ungeheure Bedeutung, sie wird zur wichtigsten Antriebskraft für Körper und Geist. In Abwesenheit der gewohnten Annehmlichkeiten des Lebens ist sie unser einziger Rückhalt. So entspricht der Inhalt unseres Buches der Quintessenz unserer Reise um die Welt, es ist das Ergebnis eines kulinarischen Projekts, das im Laufe der Reise durch 24 Länder immer mehr Form annahm.

Cuisin' situ, der französische Titel des Buches, leitet sich aus dem Lateinischen ab und steht für Kochen »am Ort« oder »unmittelbar vor Ort«. Er beschreibt unser Projekt gut. Die Idee zu diesem Buch entstand nämlich schon vor Beginn unserer Reise bei der näheren Beschäftigung mit den Kapiteln über »Kochen unterwegs« in der entsprechenden Reiseliteratur. Ich war erstaunt über die hier genannte durchwegs relativ »westlichen« und komplizierten Zutatenlisten und darüber, dass das Kochgerät ausschließlich seiner ursprünglichen Bestimmung gemäß verwendet wurde. So wird dort als einzige Alternative zum Kochen auf dem Rechaud das Kochen auf dem Holzfeuer aufgeführt, dem Sammeln der Zutaten vor Ort wird nur wenig Bedeutung zugeschrieben. Völlig außer Acht gelassen werden überall die Phantasie und die Fähigkeit zum experimentellen Umgang mit Herausforderungen aller Art, die jeden Abenteurer beflügeln.

Voller Kreativität, aber dennoch nicht ohne Realismus, ging es uns darum, das Kochen unterwegs zu (re)kontextualisieren, indem wir uns der Zutaten und der Gegebenheiten des jeweiligen Landes und Umfelds bedient haben.

Neben den Zutaten selbst – jeweils vor Ort gesammelt, geerntet, gefischt oder erjagt – war es uns vor allem wichtig, auch die Gegebenheiten der Natur *in situ* (wie Holz, Schnee oder Geothermie) zu nutzen. Indem wir nutzten, was die Natur uns bot, konnten wir beispielsweise in den heißen Quellen Griechenlands unsere selbstgefangenen Fische langsam auf niedriger Temperatur garen oder in den eisigen Höhen des Himalayas Eiscreme von Gourmetqualität genießen!

Wenn man die richtigen Zutaten und die dazu passenden Gegebenheiten in der Natur nutzt, gewinnt die Reiseküche an Effektivität, Qualität und Schönheit. Doch bei aller Begeisterung darüber sollte man eines

nicht vergessen: Das Kochen unterwegs verlangt sehr viel mehr Planung und Vorbereitung als das Kochen zu Hause.
Meistens werden die Mahlzeiten unterwegs und in freier Natur unter den primitivsten Bedingungen zubereitet. Immer wieder hat man mit unliebsamen Überraschungen zu kämpfen, die in einer komfortablen Küchensituation kaum auftauchen oder sich schnell lösen lassen: begrenzter Brennstoff, zu kleines Kochgeschirr, eine schwer zu kontrollierende Wärmequelle, kein fließendes Wasser; Kochgeschirr, an dem das Essen anhaftet, begrenzte Verfügbarkeit von Zutaten, schwaches Licht und so fort.
Jede Nahrungsbeschaffung unterwegs ist ein anstrengender Akt mit intensiver Vorausplanung. Jeder Einkauf wird zu einer komplizierten Gleichung mit den Faktoren Haltbarkeit, Gewicht, Kompaktheit, Preis und Ergiebigkeit, Handhabung und Nährwert. Und das Ganze wird noch ungleich komplizierter am anderen Ende der Welt, wo man der Sprache nicht mächtig ist und man es mit gänzlich unbekannten Produkten zu tun hat.
Stellen Sie sich vor, Sie müssten in einer Umgebung einkaufen, in der es nichts gibt, was Sie schon einmal gesehen haben. Wenn Sie in diesem kleinen Laden am Straßenrand am anderen Ende der Welt weder Brot noch Käse, weder Pasta noch Obst entdecken, sondern nur eine fingerdicke Staubschicht auf zahllosen Limonadenflaschen, Getreidesäcken und Gefäßen mit geheimnisvollem Inhalt.
Dieses Buch soll Ihnen in solchen rätselhaften Kaufläden als Kompass dienen, Ihnen angesichts fast leerer Vorratstüten mit Rat zur Seite stehen oder Ihnen einfach nur das Hantieren in ihrer luxuriösen Campingküche mit Meerblick etwas erleichtern. Sie haben damit schon alles dabei, was Sie brauchen, um schnell und mit einem Minimum an Zutaten das Wohlgefühl einer leckeren Mahlzeit herbeizuzaubern, das unterwegs so wichtig ist. In diesem Buch finden Sie Techniken, Tipps und Tricks sowie wichtige Informationen zur Auswahl des besten, möglichst vielseitig einsetzbaren Kochgeschirrs. Was Sie hier nicht finden, sind unmöglich komplizierte Rezepte. Selten werden Sie mehr als vier Zutaten brauchen, und meist dauert auch die Zubereitung nur ein paar Minuten. Hier lernen Sie, wie man Salat so zubereitet, dass man ihn ohne Besteck essen kann, wie man Eier auf den Punkt kocht, im Handumdrehen wunderbare Gnocchi zubereitet und wie man auf fünf verschiedene Arten unterwegs Brot aus dem, was in den Satteltaschen zu finden ist, backen kann.
Wir haben von dieser Reise zuerst geträumt. Und dann haben wir sie angetreten. Von der Sehnsucht bis hin zur Realisierung soll Ihnen unser Buch zeigen, dass nichts unmöglich ist, wenn man richtig vorbereitet und ernsthaft entschlossen ist.
So hoffen wir, dass unser Buch Sie bis ans Ende der Welt mitnehmen wird, genau so weit, wie unsere Reise uns geführt hat. *Caroline*

MINDESTAUSSTATTUNG
(FÜR 2 ABENTEURER)

Zum Zubereiten und Probieren

• **1 solides, schärfbares Küchenmesser mit breiter, starrer Klinge**
Beispielsweise aus der für Kinder entwickelten Serie *Le Petit Chef* von Opinel; durch die abgerundete Spitze bekommt man es problemlos durch den Zoll.

• **1 leichtes, kompaktes Taschenmesser**: zum Beispiel *Douk Douk* von Cognet

• **1 Zange** zum Anfassen von Töpfen und Pfannen

• **1 Schweizer Taschenmesser**
mit Flaschenöffner, Dosenöffner, Korkenzieher, Messer, Pinzette und Schere bzw. Säge (je nach Modell). Wir empfehlen *Climber* oder *Camper* von Victorinox.

Ein guter Dosenöffner ist sehr wichtig, denn in manchen Ländern sind Konservendosen nicht mit Zugringen ausgestattet.

• **Je 2 Gläser, Teller, Dessertschalen, Gabeln und Löffel**

• **2 runde Plastikdosen mit fest schließendem Deckel (1,8 – 2 Liter)**
Zur Herstellung von Brot- und Kuchenteig, für Suppen, zur Lagerung von Nahrungsmitteln und, mit Skaleneinteilung, als Messgerät (zum Beispiel *Grand Chef* von Curver)

• **1 Hackbrett aus weichem Plastik**

• **1 kleines oder klappbares Sieb oder den Einsatz eines Dampftopfs aus Edelstahl**
(auch verwendbar als Grillkorb oder zum Krebsfischen)

• **1 Kochspachtel und 1 großer Löffel aus Polyamid**
(die flache Schaufel des *GNARP*-Küchensets von Ikea erfüllt beide Anforderungen)

• **1 großer, leichter Topf (mindestens 2 Liter)**

• **1 kleiner, leichter Topf + 2 passende Silikon-Backmatten oder 1 Topf mit Antihaftbeschichtung**

Zum Backen von Brot und Kuchen muss der kleine Topf samt Deckel komplett in den großen hineinpassen.

• **2 Feuerzeuge (separat aufbewahren) oder 1 Feuerzeug und 1 Schachtel Streichhölzer**
(ersetzen die Geburtstagskerzen auf einem Kuchen)

• **1 kleine Flasche mit Bio-Geschirrspülmittelkonzentrat oder Wein- oder Branntweinessig** (das umweltfreundlichste Reinigungsmittel der Welt)

- **1 synthetischer Spülschwamm** (hält länger, ist komprimierbarer und trocknet schneller als ein Naturschwamm)

- **2 kleine Geschirrhandtücher aus Baumwolle**

- **Gummibänder oder Wäscheklammern zum Verschließen von Verpackungen**

- **Plastikbeutel mit Druckverschluss** (ein Zip-Verschluss ist nicht luftdicht) zum Aufbewahren von Zubehör und Lebensmitteln sowie zum Vakuumgaren

- **1 Rolle Alufolie zum Aufbewahren von Lebensmitteln, zum Kochen im Feuer** (Vorsicht: nicht für säurehaltige Lebensmittel!), als Feuerunterlage auf feuchtem Gelände und zur Vermeidung von Brandspuren

- **1 PVC-Plane als Unterlage auf staubigem, sandigem oder feuchtem Gelände**

- **1 Stirnlampe zur besseren Sicht bei Dunkelheit**

Zum Kochen und Backen

KOCHGERÄT

Für den Transport auf dem Fahrrad muss das Gepäck so leicht und kompakt wie möglich sein. Daher ist die Wahl des richtigen Topfes eine knifflige Angelegenheit. Es gibt zweiteilige Camping-Kits, die separat als Topf oder Pfanne verwendbar sind (für Alleinreisende auch als Teller bzw. Suppenteller nutzbar) und zusammen als Topf mit Deckel. Sie bestehen aus Aluminium oder Edelstahl, sind leicht und kompakt und sehr gut zum Wasserkochen geeignet.

Manche Topfdeckel solcher Kits haben außerdem zwei Funktionen, als Topfdeckel zum Kochen und zur Sicherung von Lebensmitteln beim Transport. Im Transportmodus wird der Topf fest verschlossen. Im Kochmodus wird der Deckel mithilfe einer Zange so eingestellt, dass er nur leicht aufliegt. Dadurch kann sich das Metall beim Erwärmen ungehindert ausdehnen. Wenn man den Deckel beim Kochen jedoch versehentlich im Transportmodus verwendet, kann dieser dabei Risse bekommen.

Viele Campingtöpfe sind jedoch so dünnwandig, dass sich die Wärme nicht gleichmäßig im Kochgut verteilen kann. Das hat vor allem beim Zubereiten von kompakten Nahrungsmitteln erhebliche Nachteile: Der Boden brennt sehr schnell an, während der Rest noch lange nicht fertig ist. Am Ende schmeckt das Essen nicht, und der Topf ist auch noch schwer zu reinigen! Wenn Sie sich also für ein solches Kochgerät entscheiden, sollte es von der allerbesten Qualität sein.

Kochgerät mit Antihaftbeschichtung ist einfacher in der Handhabung, doch die Beschichtung ist empfindlich und kann, je nach Material, bei Überhitzung Giftstoffe freisetzen. Daher ist sie für eine lange Reise nicht wirklich zu empfehlen. Wir haben stattdessen zwei waschbare und wiederverwendbare Teflon-Backmatten so zurechtgeschnitten, dass diese genau in unsere beiden Töpfe passen. Das ermöglicht uns auch das Zubereiten empfindlichen Kochguts (siehe dazu Seite 24).

Man sollte es nicht glauben, aber es muss nicht immer nur der Campingausstatter sein! Auch viele traditionelle Küchengeräte sind leicht und kompakt genug, um outdoor- und reisetauglich zu sein.

CAMPINGKOCHER

Gas, Benzin, Spiritus oder Holz? Das hängt ab vom Budget und davon, was Sie damit kochen wollen, wo Sie hinfahren und wie lang die Reise ist.
Für eine lange Reise, die durch viele verschiedene Landschaften und Kulturen führt, sollte die Ausrüstung so vielseitig einsetzbar sein wie möglich.
Wir hatten sowohl einen Gaskocher wie einen Benzinkocher dabei. Dadurch ging uns im entscheidenden Moment weder der Brennstoff aus, noch wurden wir durch die Beschränkungen der Einsatzmöglichkeiten der Kocher am Zubereiten unserer Gerichte behindert. Eine andere, ebenso geeignete Alternative ist es, einen Gas- und einen Holzkocher mitzunehmen.

Es ist sehr wichtig, sich bereits vor Antritt der Reise mit der Bedienung des Kochers vertraut zu machen. Übung ist das A und O – besonders im Falle von Benzinkochern, deren Handhabung etwas komplizierter und auch etwas riskanter ist als das der anderen Brennstoffvarianten.

Gas

Gaskocher sind besonders praktisch: Sie sind kompakt, sauber und sicher, und die Flamme lässt sich einfach regeln. Die sonst schnelle und problemlose Handhabung hat allerdings bei Kälte ihre Tücken. Da Butan bei Temperaturen unter Null Grad Celsius nur noch schlecht funktioniert, sind Propan oder Isopropan dort die beste Wahl. Reist man in Frankreich, sollte man das System Camping Gaz verwenden, in der restlichen Welt ist Primus die bessere Wahl.
Achtung: Gaskartuschen dürfen nicht mit ins Flugzeug genommen werden, nicht einmal in den Frachtraum! Dennoch sind Gaskocher das Sicherste – man kann sie in absoluten Notsituationen und wenn es gar nicht anders geht, auch unter dem Vorzelt verwenden.

Obwohl es im Allgemeinen einfacher ist, Benzin oder Holz zu beschaffen, haben wir dennoch Gaskartuschen in allen größeren Städten der Welt auftreiben können – selbst in Asien oder Südamerika (in unserem Fall Kunming, Bangkok, Lima, La Paz, Cusco und Santiago).

Benzin oder Multibrennstoff

Als universeller Brennstoff ist Benzin praktisch überall erhältlich.
Es ist ergiebig und funktioniert auch bei extremer Hitze oder Kälte verlässlich, außerdem lässt es sich gut dosieren. Allerdings wiegt Benzin mehr als Gas und riecht bei der Verbrennung sehr unangenehm. Es ist außerdem toxisch, selbst auf der Haut – und Benzinpumpen lassen sich selten sauber bedienen. Benzin ist bei falscher Handhabung gefährlich, der Umgang damit immer etwas riskant! Der Kocher sollte vor jeder Inbetriebnahme genau inspiziert und unbedingt regelmäßig gereinigt werden.
Benzinkocher werden stets mit Ersatzteilen geliefert. Machen Sie sich vor Antritt der Reise unbedingt mit der Handhabung vertraut, indem Sie den Kocher einige Male auseinandernehmen und wieder zusammenbauen. Das wird Ihnen im Extremfall viel Zeit und Ärger ersparen!
Versichern Sie sich vor Antritt einer Flugreise, dass der Benzinkanister völlig entleert und sauber ist, denn schlimmstenfalls können Sie am Antreten des Flugs gehindert werden!

Gut zu wissen: Nach dem Tanken verbleibt meist noch ein kleiner Rest im Benzinschlauch. Halten Sie einfach an jeder Tankstelle an, um Ihren Benzinkanister immer wieder gratis aufzufüllen!

Brennspiritus

Spirituskocher sind besonders leicht und kompakt, außerdem braucht man nur das benötigte Quantum an Brennstoff mitzunehmen (flüssig oder in Tablettenform). Zudem ist Spiritus bei gleichem Gewicht ergiebiger als Gas. Allerdings ist die Brennstärke geringer (Vorheizen ist daher unabdingbar), die Flamme nicht regulierbar und das Ganze sehr windempfindlich.

Kauft man sich für wenige Euro einen ORDNING-Besteckständer aus Edelstahl von Ikea und schneidet vorn ein Fenster heraus, wird daraus ein praktischer Holzofen. Für die Kochplattform in den oberen Rand ein paar Kerben schneiden und kreuzweise zwei Zeltheringe darauf legen. In Verbindung mit einer kleinen Konservendose lässt sich so auch ein Spirituskocher schnell bauen – im Internet gibt es viele Anleitungen dazu.

Holz

Holzfeuer ist flächig und riecht angenehm, ist jedoch nicht sehr kraftvoll. Das nötige Feuerholz hat eher Reisig-Format und muss sehr regelmäßig nachgelegt werden; etwa alle 5 Minuten. Holz

kostet zwar nichts, ist in höheren Lagen, in der Wüste und in Gletschergebieten allerdings nicht zu finden und muss daher zuvor gesammelt und zurechtgeschnitten werden (dafür braucht man eine kleine Säge oder ein Beil). Manchmal muss man es vor der Verwendung noch zusätzlich trocknen. Außerdem muss man imstande sein, den nötigen Holzvorrat auf dem Fahrrad zu transportieren! Neben dem Transportgewicht hat Holz auch den Nachteil, dass die Topfböden dadurch schwarz werden.
Genial ist übrigens der Holzkocher BioLite – er hat einen integrierten Akku zum Aufladen des Handys oder zum Betreiben einer Campingleuchte!

Holzkocher sind besonders geeignet für Gerichte mit einer Garzeit über 30 Minuten, zum Kochen für mehrere Personen oder wenn man längere Zeit an einem Ort verbleibt. Es dauert mindestens 30 Minuten, bis sich eine gute Kohlenglut entwickelt hat. Auf feuchtem Boden oder zur Vermeidung von Brandspuren sollte man eine Lage Alufolie unter dem Holzkocher ausbreiten.

WERKZEUG/ZUBEHÖR

Gehen Sie nicht sofort zum Campingausstatter, um die geeigneten Werkzeuge zu finden, sondern sehen Sie sich lieber erst einmal zuhause in der eigenen Küche oder in normalen Haushaltswarengeschäften um!

In den sogenannten 1-Euro-Shops findet man nicht selten genau das Passende, denn viele der dort angebotenen Utensilien sind entweder besonders klein oder besonders leicht. Dort habe ich beispielsweise mein Mini-Schneidebrett aus Plastik gefunden.

Auch die Billigangebote von Ikea sind meist solide, klein und leicht und werden noch dazu oft als praktische Sets angeboten. Ich habe die Einfachheit auf die Spitze getrieben, indem ich aus dem Set GNARP nur den spatenförmigen Löffel mitgenommen habe, der unterwegs als Löffel und Pfannenheber zugleich fungiert. Selbstverständlich findet man aber alles, was man braucht (und mehr!) auch bei Sport- oder Outdoor-Ausstattern.

Campingbecher mit Deckel sind auf jeden Fall eine gute Anschaffung, denn der Deckel hält Insekten fern und Heißgetränke länger heiß – und man riskiert nicht, den Inhalt versehentlich zu verschütten. Praktisch sowohl im Zelt als im Freien!

Freunde von ätherischen Ölen sollten sich einmal bei Marken wie Comptoir Aroma oder Ladrome umschauen. Viele Produkte werden dort in Aluminiumdöschen mit Schraubverschluss angeboten. Die leeren Döschen, leicht und dicht schließend, sind später ideale Gewürzbehälter für die Reiseküche!

Inzwischen gibt es auch ein breites Angebot von praktischem, leichtem und unzerbrechlichem Essgeschirr. Nachfolgend finden Sie die Vor- und Nachteile der fünf beliebtesten Materialien. Manche Materialien, darunter Aluminium und Melamin, können bei starker Beanspruchung toxisch werden. Bambus oder Edelstahl hingegen bleiben auch bei hohen Temperaturen und Kontakt mit Säuren harmlos und sind daher für besonders lange und anstrengende Reisen besonders zu empfehlen.

MATERIALIEN

Aluminium: Superleicht, billig und widerstandsfähig, jedoch neurotoxisch und krebserregend. Das Risiko, dass Aluminiumtoxine in die Nahrung geraten, wird durch den Kontakt mit Säuren vervielfacht! Für lange Reisen daher auf keinen Fall zu empfehlen.

Melamin: Leicht, widerstandsfähig, formschön und hochwertig, denn es ähnelt Porzellan in der Optik. Leichter abwaschbar als Plastik. Leider auch relativ zerbrechlich und in Kontakt mit heißem Essen oder Getränken unter Umständen (durch die synthetischen Klebstoffe) toxisch. Eher für gelegentlichen Gebrauch geeignet.

Plastik (Polypropylen): Billig, leicht und hält das Essen relativ lange warm. Leider weniger stabil und weniger gut zu entfetten als andere Materialien. Praktisch für Trinkgefäße und Transportdosen. Bevorzugen Sie Plastik ohne BPA (Biphenol-A) oder Phtalate (Weichmacher). Für Lebensmittel geeignet ist Plastik mit den Recyclingcodes 1, 2, 4 oder 5. .

Edelstahl: Äußerst stabil, leicht zu reinigen und unter allen Bedingungen für Lebensmittel geeignet (die Migration von Partikeln kann praktisch ausgeschlossen werden). Ideal für Essbesteck und Kochgeschirr. Für Teller und Trinkgefäße weniger geeignet, da Edelstahl die Temperatur nicht lange hält. Allerdings kann man Edelstahlteller rasch wieder erwärmen, in dem man sie ein paar Sekunden über die Kocherflamme hält.

Bambusfaser: Biologisch abbaubar und stabil, rein pflanzlich (Bambusfasern und Maisstärke), ungiftig und sehr leicht. Ein schönes Material, das auch heißem Essen sehr gut standhält. Ideal für Trinkbecher, Tassen, Teller und Essschalen.

MULTIFUNKTIONS-KOCHGERÄT

Der Kochtopf wird zur Backform

2 Backmatten + Randstreifen
Dank der vielseitig verwendbaren Backmatte, die auf die gewünschten Maße zurechtgeschnitten wurde, wird aus dem Kochtopf eine Backform (für Holz- und Campingkocher). Wenn Sie diese Variante öfter verwenden, sind Backmatten unbedingt zu empfehlen, ausnahmsweise reicht jedoch auch Backpapier.

Material

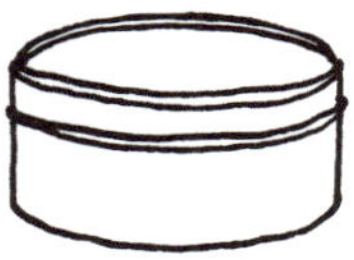

Kochtopf

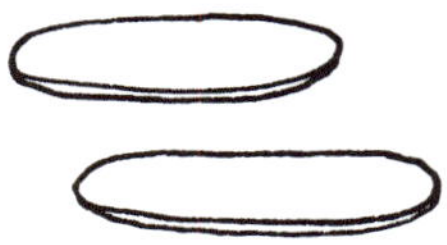

2 runde Backmatten

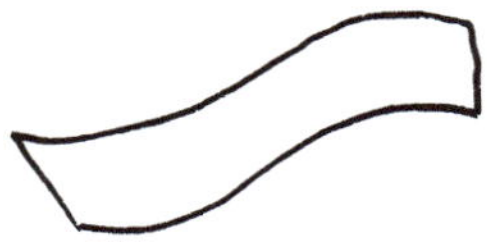

1 oder 2 Randstreifen

Konstruktion

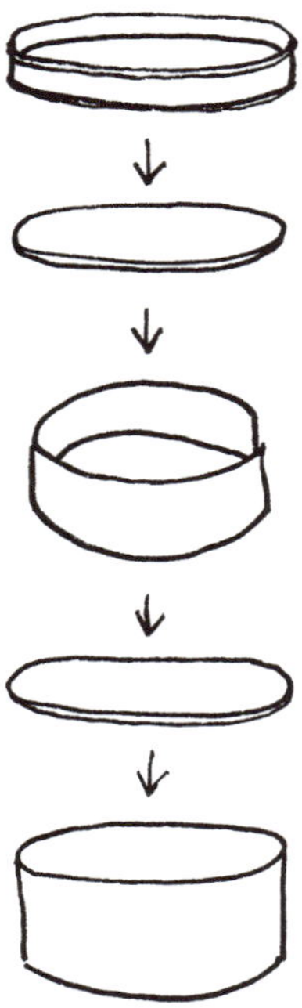

1. Eine runde Backmatte in den Topf einlegen.
2. Die Randstreifen innen um die Topfwände legen und den Teig einfüllen.
3. Die zweite runde Backmatte auf den Teig legen.
4. Je nach gewählter Backmethode den Deckel auflegen (Achtung: Multifunktionsdeckel nicht dicht schließen!) oder weglassen.

Der Kochtopf wird zum Backofen

Sie benötigen zwei Feuerquellen – eine unter und eine über dem Kochgut –, um die Bedingungen in einem Backofen zu simulieren.

Material

Feuerholz
(Reisig)

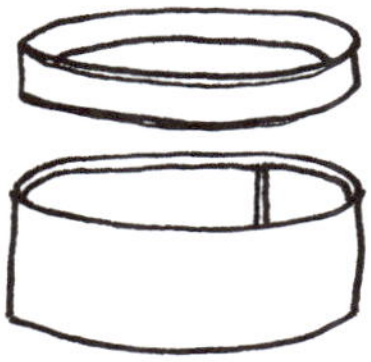

Kochtopf als Backform
(siehe S. 24)

Campingkocher

Konstruktion

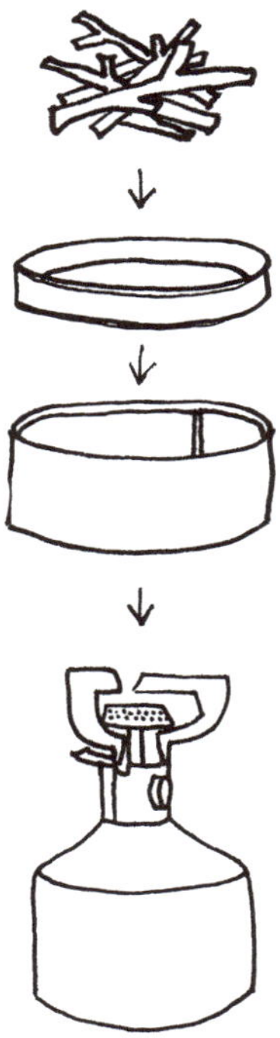

1. Die Backform und eine ausreichende Menge Feuerholz vorbereiten.
2. Den Kocher anzünden und auf die niedrigste Temperatur herunterregeln. Die Backform darauf stellen.
3. Den Deckel umgedreht auf die Backform legen und das Feuerholz hineingeben.
4. Die Garzeit für ein Brot beträgt auf diese Weise etwa 15 Minuten.

Niedertemperaturgaren im verschließbaren Plastikbeutel

Bei dieser Methode wird das Kochgut im vakuumierten Beutel im Wasserbad bei 40 bis 100 °C schonend gegart. Dadurch erhalten sich Textur, Aroma, Geschmack und Nährwehrt auf bemerkenswerte Weise. Strikte Hygiene und frische Zutaten sind dabei allerdings unerlässlich – verwenden Sie also nur Produkte, die Sie problemlos hätten roh essen können!

Im Vakuum geht nichts verloren: Durch das Kochen im eigenen Saft bei so niedrigen Temperaturen bleibt nicht nur das volle Aroma der Zutaten erhalten, sondern auch deren ursprüngliche Konsistenz. Bei Temperaturen unter 60 °C bleiben auch Vitamine und Mineralstoffe vollumfänglich in der Nahrung. Diese Garmethode ist besonders für Gemüse und Fisch geeignet (filetiert oder im Ganzen, ausgenommen und geschuppt). Fleisch hingegen muss dafür fein gehackt sein und braucht eine längere Garzeit.

Die Kochtemperatur richtet sich nach der Konsistenz der Zutaten:
Bei 80 bis 100 °C: Feste Zutaten, gehackt oder in kleineren Stücken, wie Fleisch, grüne Bohnen, Kartoffeln, Kohl, Fenchel, Mohrrüben.
Bis 60 °C: empfindlichere Zutaten wie Pilze, Spargel, Erbsen, Zucchini.

SO WIRD'S GEMACHT!

Es ist kinderleicht!

1. Sie brauchen dafür unbedingt einen Plastikbeutel mit Druckverschluss (die Zip-Version ist nicht luftdicht).
2. Das Kochgut in den Beutel füllen – dabei aufpassen, dass der Druckverschluss nicht verunreinigt wird, da das die Schließfähigkeit beeinträchtigen kann.
3. Den offenen Beutel langsam bis kurz vor den Druckverschluss in einen Behälter mit Wasser tauchen. Durch den Wasserdruck wird die Luft aus dem Beutel verdrängt. Den Beutel in dieser Position sorgfältig verschließen. Das Vakuum erlaubt ein gleichmäßigeres Garen des Kochguts.
4. Den Beutel in einen Topf mit heißem Wasser mit der entsprechenden Kochtemperatur geben. Zartes Kochgut braucht zum Garen mindestens 15 Minuten, festere Zutaten mindestens 30 Minuten.

Das Rezept für bei Niedertemperatur gegarten Fisch finden Sie auf Seite 68.

GRUNDNAHRUNGSMITTEL UND WASSER

UNVERZICHTBARE GRUNDZUTATEN

DINGE, DIE MAN UNTERWEGS IMMER DABEI HABEN SOLLTE

2–3 Tüten **Trockenhefe** (in den USA ist die kleinste Verpackungsgröße ein 226 g-Glas!)
Ein paar Tüten **Bäckerhefe**, wenn man Brot backen will (1 Tüte pro Brot)
H-Milch oder **ultrahocherhitzte Kokosmilch**
Olivenöl
Weizenmehl
Kartoffelflocken
Salz und **Pfeffer**
Thymianhonig (zum Kochen sowie zur Desinfektion und Wundheilung – direkt auf offene Wunden tupfen)
Apfelessig (ist in unpasteurisierter Form ein enzymatisch hochaktives Produkt mit vielen gesundheitlichen Vorteilen) für Salatsaucen und im Verhältnis 1:10 mit Wasser verdünnt zum Waschen von Obst und Gemüse, falls kein Trinkwasser vorhanden ist.

Mit etwas Honig oder Wasser gemischt, unterstützt Apfelessig die Verdauung und hilft gegen Blähungen. Direkt auf der Haut aufgetragen, ist er ein wirksames Desinfektions- und Insektenschutzmittel und wirkt schmerzlindernd bei Insektenstichen und Hautreizungen (durch Quallen etc.) sowie Abschürfungen. Die Haare werden mit Apfelessig im Spülwasser glänzender und leichter kämmbar.

Manche Produkte werden manchmal bereits in sehr reisefreundlichen Verpackungen angeboten, beispielsweise Zucker oder Mehl in Plastikbeuteln mit verschließbarer Tülle, Senf oder Honig in der Pumpflasche und so weiter. Schauen Sie sich einmal um, das Angebot ist von Land zu Land unterschiedlich!

INSTANT-PRODUKTE

Für unterwegs sind solche Produkte sehr praktisch, denn sie sind schnell, leicht und mit wenig Aufwand an Wasser oder Energie zuzubereiten.

Ich denke dabei beispielsweise an **Mais-** oder **Kartoffelflocken**, **Instant-Grießbrei** oder **Polenta** – sie alle sind durchaus lecker. Man kann damit ohne Kochen leckere Desserts zubereiten, wie beispielsweise das süße **Taboulé** auf Seite 86.

Ein anderer Klassiker sind **Tütensuppen**. Achten Sie beim Einkauf auf Vielseitigkeit: Mit weniger Wasser wird aus Steinpilz- oder Spargelsuppe beispielsweise eine leckere Sauce für Pasta oder Grillfleisch. Man kann Tütensuppen auch mit frisch geernteten Kräutern oder Frischgemüse aufpeppen.

Als **Konserven (Linsen, Kichererbsen, weiße oder rote Bohnen)** brauchen Hülsenfrüchte deutlich weniger Kochzeit. Außerdem kann man sie kalt wie heiß servieren.

Zuletzt bedürfen die guten alten **Instant-Nudeln** besonderer Erwähnung. Sie sind zwar selten besonders gut und stecken voller Konservierungsstoffe und Geschmackszusätze, aber im Notfall geben sie eine gute Rezeptgrundlage ab. Vorsicht mit dem beigelegten Beutelchen mit den Geschmackszusätzen: Versuchen Sie es erst einmal mit der Hälfte, das reicht meist völlig aus. Mit einem Schuss Milch oder Kokosmilch wird das Ganze oft erstaunlich lecker und sättigender.

TIPPS UND TRICKS

Gebrauchsfertiger Reis oder **Pasta in Tüten** beansprucht unterwegs weniger Wasser, Kochzeit und Brennstoff. Rechnen Sie pro Person als Hauptmahlzeit (oder für den großen Hunger) 125 g Pasta beziehungsweise 100 g Reis.

Die asiatische Methode des Reiskochens macht das Abtropfen unnötig: Den Reis mehrmals im Topf mit kaltem Wasser abspülen. Dann den Finger direkt auf die Oberfläche des Kochguts halten und den Topf bis zum ersten Gelenk mit Wasser auffüllen. Deckel auflegen und ohne umzurühren oder den Deckel abzunehmen 15 Minuten kochen.

Die sinnlose Verschwendung von Nahrungsmitteln ist bereits zuhause ein Problem. Unterwegs, vor allem, wenn man sich allein durch Muskelkraft vorwärtsbewegt, wird die Beschaffung und rationelle Verwendung von Nahrung zum Dauerthema. Natürlich ist es keine gute Idee, leicht verdorbene Lebensmittel zu essen, aber man muss auch wissen, was man auf keinen Fall wegwerfen sollte!

Das Grün von Radieschen, Kohlrabi und Rüben ist nicht nur reich an Vitaminen und Antioxydantien, sondern auch sehr lecker. Man kann es wie Spinat in Suppen und Pfannengerichten verwenden.

Trockenes und **altbackenes Brot** kann man durchaus wieder genießbar machen: Gewürfelt und in Butter oder Olivenöl geröstet, werden daraus leckere Croutons für Suppen, Omelettes und Salate.
Für Bruschetta ganze Scheiben mit Olivenöl rösten, dann nach Geschmack belegen und wie die Pfannen-Pizza (siehe Seite 103) backen.
Für Arme Ritter die Brotscheiben in einer Mischung aus verquirltem Ei mit Milch und Zucker einweichen und in der Pfanne braten.

Nehmen Sie im Flugzeug sowie in Restaurants und Cafés **die Tütchen mit Salz, Pfeffer, Ketchup, Sojasauce, Senf und Mayonnaise** stets mit – sie werden Ihnen unterwegs unschätzbare Dienste leisten!

Es empfiehlt sich, eine Auswahl von **lange haltbaren Zutaten** zusammenzustellen, mit deren Hilfe man auch das armseligste Gericht ein wenig verfeinern kann, zum Beispiel **Salz** und **Pfeffer, Knoblauchpulver, Sojasauce** und geriebenen **Parmesan**. Desserts bekommen mit einer Prise **Salz** und **Vanillezucker** den gewissen Pfiff.

Knoblauchreibe für unterwegs: Eine Gabel schräg auf das Hackbrett halten und die Knoblauchzehe über die Zinken reiben.

WASSER

Nichts ist unterwegs so wichtig wie Trinkwasser. Erhebungen der Weltgesundheitsorganisation zufolge sind 80 % aller Reisekrankheiten auf verunreinigtes Wasser zurückzuführen. In vielen Gegenden der Welt, vor allem in Afrika, Asien und Südamerika, ist Leitungswasser nicht trinkbar.

Vereinfacht gesagt, sind die verunreinigenden Elemente entweder organisch (Viren, Bakterien, Parasiten) oder anorganisch (Schwermetalle, Pestizide usw.). Temperatur und Fließgeschwindigkeit des Wassers sind weitere wichtige Faktoren: In warmem, stagnierendem Wasser können sich Mikroben schneller entwickeln. Oberhalb von Wohn- oder Agrargebieten liegende Wasserquellen sind in der Regel relativ frei von Schadstoffen.

In Gegenden, wo es kein Trinkwasser in Flaschen zu kaufen gibt, kann man das Wasser auf verschiedene Weise trinkbar machen: durch Filtrieren, Chlortabletten, Aufkochen oder UV-Behandlung. Jede Methode hat ihre Grenzen und Nachteile, und man muss daher von Fall zu Fall entscheiden, welche die Beste ist.

Verwenden Sie jedoch grundsätzlich das klarste Wasser, das Sie finden können. Lassen Sie Wasser aus verunreinigten Wasserhähnen vor der Wasserentnahme möglichst einige Minuten laufen, damit lose Grobpartikel vorher ablaufen können.

Wasserfilter

Filter enthalten eine Patrone aus durchlässiger Keramik oder aus Glasfasern. Parasiten, Bakterien und der Großteil der chemischen Schadstoffe bleiben darin hängen, doch leider sind sie unwirksam gegen Schwermetalle und Viren. Daher sollte man dem gefilterten Wasser zur Sicherheit auch eine Chlortablette hinzufügen.

Es gibt drei Filtertypen:
Filterpumpen sind vielseitig, jedoch auch recht schwer; man kann das Wasser damit jedoch direkt in einen Behälter füllen.
Filter-Strohhalme sind leicht, jedoch teuer. Man kann das Wasser dadurch jedoch direkt trinken.
Kannenfilter sind recht groß und schwer, da sie vor allem auf eine kollektive Nutzung ausgerichtet sind. Man kann damit jedoch mit wenig Aufwand große Wassermengen filtern.

Chlortabletten

Damit kann man die Wasserflasche zwar rasch füllen, muss jedoch vor dem Trinken mindestens 30 Minuten warten (bei Aquatabs oder Micropur). Das Wasser bleibt danach 3 Stunden lang trinkbar. Manche Tabletten (wie beispielsweise Micropur forte) enthalten neben Chlor zusätzlich Silberionen, durch die das Wasser 6 Monate lang keimfrei bleibt. Mit einem Schuss Zitronensaft wird der unangenehme Chlorgeschmack etwas kaschiert.

Durch Aufkochen des Wassers (wo möglich) erzielt man dasselbe Ergebnis wie mit Chlortabletten, und das Wasser schmeckt dann zumindest nicht nach Chlor.

UV-Filter

UV-Filter (meist in Form eines Stifts wie zum Beispiel SteriPen) töten Mikoorganismen sehr schnell ab, sind aber bei trübem Wasser nicht ganz so sicher. Für den Notfall sollte man immer Ersatzbatterien dabei haben.
Man kann jedoch ganz ohne Hilfsmittel eine Glas- oder Plastikflasche voll Wasser mit natürlichem UV-Licht keimfrei machen, indem man sie 7 Stunden in der Sonne stehen lässt. Bei bedecktem Himmel dauert dieser Prozess jedoch 2 Tage.

HUILE
BIO DE
CITRON
Citrus limonum

Ätherische Öle sind so wirksam wie vielseitig. In der Reiseapotheke werden sie zu wichtigen Verbündeten, denn sie enthalten hochkonzentrierte pflanzliche Wirkstoffe. Oft hilft ein und dasselbe Öl bei vielerlei Beschwerden.

Doch natürlich können ätherische Öle noch viel mehr. Vorsichtig und korrekt dosiert und nicht zu stark erhitzt, sind sie ausgezeichnete und hochwirksame Geschmacksstoffe für eine große Bandbreite an Gerichten.
Ich selbst habe immer die Sorten Lavendel, Zitrone und Pfefferminz dabei – das perfekte Trio für alle Lebenslagen!

Ätherische Öle sind unterwegs nicht immer leicht zu bekommen, daher ist es besser, sie schon vor Antritt der Reise zu besorgen und mitzunehmen. Öle aus biologischem Anbau (oder noch besser, aus Wildpflanzen) enthalten so gut wie keine Schadstoffe oder Zusätze. Manche Marken bieten diese Öle in Aluminiumbehältern an, die man später für die Gewürze der Reiseküche weiterverwenden kann.

DOCH VORSICHT!

- Schwangere Frauen dürfen ätherische Öle in den ersten 10 Schwangerschaftswochen weder innerlich noch äußerlich verwenden. Bei Kindern unter 3 Monaten sollten keine ätherischen Öle auf der Haut oder als Inhalation zum Einsatz kommen. Jegliche Einnahme ist erst bei Kindern über 7 Jahren zulässig.

- Ätherisches Öl niemals ohne triftigen Grund unverdünnt verwenden. Zur äußerlichen Anwendung vorher mit etwas Pflanzenöl verdünnen (z.B. mit Olivenöl); für den oralen Gebrauch mit einem Löffel Honig oder Joghurt verrühren oder auf einen Zuckerwürfel geben. Ätherische Öle lassen sich nicht im Wasser auflösen, weder in kaltem noch in heißem Wasser.

- Eine Behandlung mit ätherischem Öl darf zwei Wochen nicht überschreiten. Nicht auf die Schleimhäute geben.

- Nicht mehr als 6 Tropfen täglich einnehmen. Das gilt für alle ätherischen Öle.

- Vor der Kombination mit allopathischen Medikamenten zuvor den Arzt befragen.

Stellen Sie vor Antritt der Reise sicher, dass Sie nicht gegen die Öle, die Sie mitnehmen wollen, allergisch sind.

In der Küche müssen ätherische Öle noch sparsamer verwendet werden als für medizinische Zwecke. Bei besonders aromatischen Ölen nur einen einzigen Tropfen mit einem Löffel Honig, Sirup oder Öl verrühren und erst dann vorsichtig in das Essen mischen.

Zitrone (*Citrus limonum*)

Zitrone wirkt reinigend, antiseptisch, entgiftet die Leber, stärkt das Immunsystem und schützt dadurch vor Infektionskrankheiten. Ein Tropfen ätherisches Zitronenöl im Essen sorgt für ein stärkeres Zitronenaroma als frischer Zitronensaft.

Kontraindikationen!

Nach der Anwendung, vor allem auf der Haut, direkte Sonne vermeiden! Frauen in den ersten drei Schwangerschaftsmonaten und Kinder unter 7 Jahren dürfen ätherisches Zitronenöl nur als Inhalation verwenden. Erst ab dem 3. Schwangerschaftsmonat und bei Kindern ab 7 Jahren ist die innere oder äußere Anwendung unbedenklich – jedoch stets in verdünnter Form.

Indikationen
Erschöpfung, Bluthochdruck, Angstzustände, zur Vorbeugung vor Infektionskrankheiten, Bakterien- oder Vireninfektionen (Grippe, Gastroenteritis usw.), Reisekrankheit, Leber- oder Verdauungsbeschwerden (eventuell im Verbund mit Pfefferminzöl).

Medizinische Anwendung
Als Inhalation, zur Einnahme (2- bis 3-mal täglich 2 Tropfen auf 1 Teelöffel Honig) oder als lokale Anwendung:

- Unverdünnt: zur Zahnaufhellung 1 Tropfen auf die Zahnbürste geben; 1 Tropfen auf einen Wattebausch geben und Entzündungen von Zahnfleisch oder Mundschleimhaut damit betupfen.
- Im Verhältnis 1:3 mit Pflanzenöl gemischt (2- bis 3-mal täglich auftragen; wegen der stark photosensibilisierenden Wirkung am besten abends oder auf nicht der Sonne ausgesetzen Körperstellen) bei Krämpfen, rheumatischen Beschwerden, Gelenkschmerzen, Furunkeln, Herpes, Akne, Frostbeulen und schweren Beinen.

Kulinarische Anwendung
1 oder 2 Tropfen in Kuchen- oder Pfannkuchenteig, Marinaden oder Obstsalat, Saucen für Rohkost sowie Gerichte auf Kokosmilchbasis.

Pfefferminze (*Mentha piperita*)

Zur Kräftigung, zur Immunstärkung; sehr wirksam gegen Schmerzen. So erfrischend auf der Haut wie auf dem Teller!

Kontraindikationen!

Nicht für schwangere oder stillende Frauen und Kinder unter 10 Jahren, bei Leber- und Gallenbeschwerden, Bluthochdruck oder Epilepsie.
Stets in verdünnter Form verwenden, auf der Haut nur punktuell und innerlich nur über einen sehr kurzen Zeitraum.

Indikationen
Reisekrankheit, Übelkeit und Erbrechen, Verdauungsbeschwerden, Durchfall, Erkältung, Stirnhöhlenvereiterung, Grippe, allgemeine Abgeschlagenheit und zur Stärkung der Leber und des Zwölffingerdarms.

Als Inhalation oder 2- bis 3-mal täglich 2 Tropfen auf einem Zuckerwürfel oder mit einem Teelöffel Honig oder Öl; als angenehm kühlende lokale Anwendung (im Verhältnis 1:3 mit Pflanzenöl gemischt) bei Schmerzen (z. B. schweren Beinen oder Prellungen), Abschürfungen, Herpes und Gürtelrose. Gegen Kopfschmerzen Pfefferminz- und Lavendelöl mit Pflanzenöl mischen und auf Nacken, Stirn und Schläfen auftupfen.

Kulinarische Anwendung
1 oder 2 Tropfen in Taboulé, in Joghurtsaucen für Gurkensalat und Lammfleisch, in Schokoladendesserts, Kompotts und Pfirsich- oder Aprikosenkonfitüre; in heißen Getränken (vorher mit Honig verrühren), als Digestif in Schnaps.

Lavendel *(Lavandula angustifolia oder L. officinalis)*

Lavendelöl ist sehr vielseitig und vor allem gut verträglich. Es wirkt beruhigend, desinfizierend und wundheilend. Aufgrund seiner hohe Konzentration beim Kochen nur in äußerst geringen Dosen verwenden. Korrekt dosiert, ist es ab dem 4. Schwangerschaftsmonat und für Kinder ab 3 Jahren unbedenklich.

Indikationen
Als Inhalation gegen innere Unruhe und Schlaflosigkeit, Panikgefühle, Herzrasen, Stirnhöhlenvereiterung, Bronchitis, Halsschmerzen, Asthma.

Örtliche Anwendung

- Unverdünnt: Auf Wunden, Verbrennungen und Pickeln (Akne), Insektenstichen, Abschürfungen.
  Hinter die Ohren getupft bei Übelkeit, Reisekrankheit und Ohrenschmerzen. Durch seine entgiftende Wirkung wirksam bei Schlangenbissen (1 Tropfen auf die Wunde) – selbstverständlich, NACHDEM der Notruf alarmiert wurde!
- Im Verhältnis 1:3: Bei Muskelschmerzen, Krämpfen und Kontraktionen, Rheuma, Sonnenbrand, Ekzemen, Hautreizungen, Kopfschmerzen (auf die Schläfen auftupfen), Verdauungs- oder Menstruationsbeschwerden (den Bauch einreiben/massieren).
  Gegen Kopfläuse ein paar Tropfen ins Shampoo geben. Auf Haut oder Kleidung wirksam gegen Insekten.

Kulinarische Anwendung
Sehr sparsam angewendet (1 Tropfen auf 1 Esslöffel Pflanzenöl, davon nur 1 Drittel verwenden) in Fenchel- oder Mohrrübensalat, Flan, Panna Cotta, Aprikosen- oder Pfirsichkompott oder Konfitüre, Eiscreme, Brombeer- oder Erdbeerdesserts.

FISCHEN UND SAMMELN

WILDE ERNTE

Grundsätzlich sollte man nur an Orten und in Gegenden selbst nach Nahrung suchen, die weder Tierkot, Pestiziden noch Abgasen ausgesetzt sind. Und man kann nicht oft genug wiederholen, dass man immer nur das sammelt und isst, was man hundertprozentig identifizieren kann! Pilzkenner werden mit Begeisterung auf den Frühlingswiesen oder in den Herbstwäldern nach ihren Lieblingen suchen. Ansonsten hat die Pflanzenwelt fast das ganze Jahr über für jeden Geschmack und jede Art der Zubereitung etwas zu bieten. Nachfolgend eine Liste leicht zu erkennender Wildkräuter, die man in ganz Europa und in vielen Teilen der restlichen Welt findet.

Wilde Möhre *(Daucus carota)*

Hat immer mindestens eine Blüte pro Stiel; inmitten der Blütendolde befindet sich meist eine dunkle, sterile »Mohrenblüte«, was die Wilde Möhre von dem ihr ähnlich sehenden, aber tödlich giftigen (!) Schierling *(Conium maculatum)* unterscheidet! Die Blüten der Wilden Möhre dagegen kann man roh im Salat essen oder in Krapfenteig ausbacken.

Sonnenblume *(Helianthus annuus)*

Das Abschneiden von Sonnenblumenknospen auf Feldern ist technisch Mundraub, daher sollte man dabei diskret vorgehen. Die Blütenknospen in kochendes Salzwasser geben und 10 Minuten darin garen. Mit Vinaigrette servieren.

Löwenzahn *(Taraxacum officinale)*

Für Salat die jungen Blätter im Vorfrühling ernten. Später im Jahr schmecken die zuvor in der Pfanne gebratenen Blütenknospen lecker im Omelett.

Bärlauch *(Allium ursinum)*

Er wächst im Frühjahr im Wald und an Uferrändern und riecht stark nach Knoblauch, wenn man an den Blättern reibt. Roh und fein gehackt wie Knoblauch verwenden.

Spitzwegerich *(Plantago lanceolata)*

Als Zutat in Suppen und Omeletts. Lange gekocht, entwickelt sich sogar ein Aroma nach Pilzen.

Brennnessel *(Urtica spec.)*

Das Unkraut ist weit verbreitet und kann das ganze Jahr über wie Spinat (in Suppen, Salaten und gedünstet als Gemüse) zubereitet werden. Die jungen Blätter schmecken am besten.

Wildfrüchte

Unterwegs kann man mit etwas Glück Brombeeren, Erdbeeren, Walderdbeeren, Äpfel, Birnen, Granatäpfel, Feigen und in den Tropen sogar Mango, Papaya, Kokosnüsse und Avocados wild ernten. Im Herbst findet man Walnüsse, Haselnüsse, Esskastanien und Mandeln.

Kräuter

Thymian, Lorbeer und Rosmarin findet man im Süden unterwegs; Rosmarinzweige geben übrigens wunderbar aromatische Grillspieße ab! Gesammelte Kräuter in einem Netzbeutel an der Luft trocknen lassen.

Absolut fantastisch im Salat schmecken außerdem Wilde Rauke ***(Diplotaxis tenuifolia)***, Borretsch ***(Borago officinalis)***, Venusnabel ***(Umbilicus rupestris)*** und Eibisch ***(Athaea officinalis)***!

FISCHE UND MEERESTIERE

Vermeiden Sie das Angeln in stark industrialisierten Gebieten. Mangels Kühlung sollte man die gefangenen Fische und Meerestiere unverzüglich verzehren, um Vergiftungen zu vermeiden. Auch wenn Sie Möglichkeiten haben, den Fang vorübergehend kalt zu lagern, sollten Sie die Fische vorher dennoch umgehend ausnehmen und reinigen.
Zum Angeln braucht man nicht unbedingt eine Angelrute mitzunehmen – vor allem am Meer kann man sich im flachen Wasser auch ohne behelfen

Fischen »zu Fuß«

An felsigen Küsten kann man Seeigel finden. Machen Sie sich jedoch vorher mit den Vorschriften vertraut. In Frankreich darf man Seeigel von November bis April sammeln.
Auch für Muscheln gelten gewisse Einschränkungen. Das Sammeln von Meeresfrüchten ist generell von Mai bis August erlaubt (in den Monaten ohne »R«). Achten Sie darauf, dass die Muscheln fest geschlossen sind und sich beim Kochen vollständig öffnen. Alle anderen Muscheln wegwerfen!
Bei Ebbe kann man Uferschnecken und Napfschnecken von den Felsen lesen. Mit etwas Glück findet man zwischen den Felsen sogar Wellhornschnecken und Taschenkrebse.
Austern können das ganze Jahr über geerntet werden. Man findet sie relativ leicht auf den Riffen und Felsen in der Nähe von Austernzuchten.

Krebse fangen

Sehr wahrscheinlich finden Sie am Meeresufer auch Krebse und Shrimps, doch dafür braucht man in manchen Ländern (darunter Frankreich und die USA) eine Fanggenehmigung. Oder man darf sich einfach nicht erwischen lassen.
Wenn Sie einen Korb haben (wie den Einsatz eines Dampfkochtopfs), versuchen Sie einmal Ihr Glück. Ideale Köder sind frische Fisch- oder Fleischstückchen. Doch Krabben sind Allesfresser und verschmähen selbst Dosensardinen, Räucherfisch oder Gemüsereste nicht!
Hängen Sie den Korb an einer langen, an einem Stock befestigten Schnur ins Wasser. Wenn das Wasser klar genug ist, kann man dabei zusehen, wie sich die Beute dem Köder nähert. Dann braucht man nur noch den rechten Moment abzupassen, um den Korb hochzuziehen. Wenn das Wasser zu trübe ist, versuchen Sie einfach alle 10 Minuten ihr Glück.

Angeln

Passionierte Angler haben natürlich immer eine kleine, kompakte Angel mit etwas Zubehör dabei. Machen Sie sich jedoch grundsätzlich mit der Rechtslage vor Ort vertraut (zulässige Fanggröße, Schonzeiten, erforderliche Angelscheine) – das gilt für Süßwasser wie für Salzwasser (in den USA z. B. braucht man auch für das Fischen im Meer einen Angelschein)! In der Nähe von Wohngebieten sollten Sie die lokalen Fischer beobachten und es ihnen gleichtun. So vermeiden Sie verunreinigte Gebiete und sehen außerdem aus erster Hand, welche Fische man dort mit welchem Köder angelt und auf welche Weise.

DIE REZEPTE

BEVOR WIR BEGINNEN …

Alle Rezepte in diesem Buch wurden jeweils vor Ort erdacht. In einigen Fällen haben wir sie anschließend noch ein klein wenig verbessert.

Mengenangaben

1 Tasse = 1 bis zum Rand gefüllter Campingbecher (unser Maß: Campingtasse von Laken):
- 15 cl Flüssigkeit
- 150 g Zucker
- 100 g Mehl, Kakaopulver, Flockenpüree

1 Löffel = 1 gestrichener Campinglöffel (= 2 normale Teelöffel oder ½ normaler Esslöffel):
- 1 cl Flüssigkeit
- 10 g Zucker
- 7 g Mehl

Die Mengenangaben sind jeweils für 2–3 Portionen berechnet. Wasser, Salz und Pfeffer sind in der Zutatenliste meist nicht mit angegeben, sondern werden im Zubereitungsteil erwähnt.

Piktogramme

Provinz Padua – ITALIEN

St Bernard

Kleiner St. Bernhard-Pass – FRANKREICH / ITALIEN

HÜHNCHEN MIT FRANZÖSISCHEM GEWÜRZKUCHEN

Zubereitung: **2 Minuten**
Kochzeit: **5 Minuten**

- 3 Scheiben Gewürzkuchen
- 300 g Hähnchenbrust

Das Fleisch fein hacken und mit einem Becher Wasser und dem Gewürzkuchen in den Topf geben.
3–4 Minuten kochen, bis sich der Kuchen vollständig zu einer cremigen Sauce aufgelöst hat.
Salzen und pfeffern.

PFANNEN-CLAFOUTIS

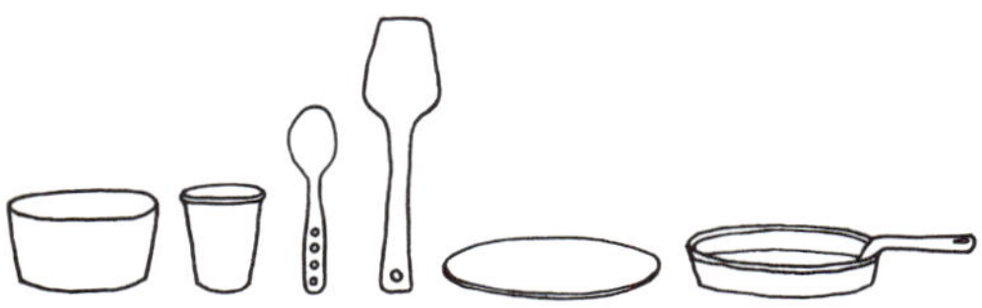

Zubereitung: **5 Minuten**
Backzeit: **15 Minuten**

- ½ Becher Zucker
- 1 Becher Mehl
- 1 Becher Milch
- 2 Eier
- 3 Löffel weiche Butter
- Frische, getrocknete oder konservierte Früchte, z. B. Kirschen, Pflaumen, Aprikosen

Zucker, Mehl und 1 Prise Salz in der Schüssel gut mischen. Butter, Eier und Milch zugeben und zu einem glatten Teig verrühren.
Die Backmatte in die Pfanne legen und den Teig darauf geben. Die Früchte gleichmäßig darauf verteilen. Den Deckel auflegen und auf schwächster Flamme backen, bis der Kuchen auf der Oberfläche fest geworden ist (etwa 15 Minuten).

! Noch besser wird der Teig, wenn man einen Löffel Rum und ein wenig Vanilleextrakt, sofern vorhanden, dazugibt.

ONE-POT-PASTA-BASISREZEPT

Zubereitung: **5 Minuten**
Kochzeit: **15 Minuten**

- 200 g kurze Pasta (möglichst keine Spaghetti oder Tagliatelle)
- 2 ½ Becher Wasser oder Brühe
- 2 Löffel Olivenöl
- Einlage nach Wahl, z. B. Tomaten mit Knoblauch, Basilikum und Parmesan; Lachs mit Brennnesseln oder Bärlauch; Sahne; pikante Wurst (wie Chorizo), Paprika und Tomaten; Hähnchen mit Pilzen und Zucchini

Schnell garende Zutaten wie Zucchini, Tomaten oder Lachs in größere Würfel, langsamer garende Zutaten wie Chorizo, Paprika oder Kohl in kleinere Würfel oder Scheiben schneiden.
Zuerst die Nudeln mit Wasser oder Brühe in den großen Topf geben, dann die übrigen Zutaten sowie das Olivenöl zugeben. Nach Geschmack mit Thymian, Rosmarin oder Lorbeer würzen.
Auf mittlerer Flamme 10–15 Minuten kochen, dabei regelmäßig umrühren.
Wenn nötig, zwischendurch etwas Flüssigkeit zugeben.
Mit Sahne oder geriebenem Käse abschmecken.

CHALLENGE: APFELKUCHEN OHNE BACKOFEN

OKTOBER 2014, AOSTATAL, ITALIEN

Wir sind seit sechs Tagen unterwegs und fühlen uns noch eher wie in den Ferien als auf einer weltumspannenden Abenteuerreise, doch jetzt gibt es definitiv kein Zurück mehr.
Als unverbesserliche Optimisten haben wir uns auf unseren kleinen, aber stabilen Brompton-Fahrrädern den Kleinen St.-Bernhard-Pass hochgekämpft und es damit all den Zweiflern gezeigt, die das immer wieder für »unmöglich« erklärt hatten. Nun, da wir per Rad die Alpen bezwungen haben, beginnen wir ernsthaft an uns selbst zu glauben.
Die erste Hürde ist überwunden: Wir haben unser Heimatland hinter den Bergen zurückgelassen und sind in Italien! Hier beginnt das echte Abenteuer. Wir sausen im Zickzack die steilen Bergstraßen hinab und landen mitten im Herzen des Aostatals. Der Herbst präsentiert sich unterwegs mit seinem ganzen Reichtum. Am Wegrand reckt sich der Gemeine Riesenschirmling *(Macrolepiota procera)* auf grazilen Füßen empor und spannt die zarten Schirme aus, und überall im Tal gibt es Falläpfel und Walnüsse zum Aufsammeln. Das Oktoberwetter ist wechselhaft, doch zur Kaffeezeit hat es aufgehört zu regnen, und ich mache mich unter blauem Himmel daran, aus unseren gesammelten Schätzen einen Apfelkuchen zu backen. Die Herausforderung besteht hier vor allem darin, einen Mürbeteigkuchen in einer Campingpfanne zu backen – etwas, woran sich noch nicht viele Trekker versucht haben. Doch siehe da: Egal, ob man dafür einen gekauften oder selbstgemachten Teig verwendet, nach 15 Minuten in der Pfanne schmeckt dieser Kuchen ebenso gut wie aus dem Ofen! *Caroline*

Zubereitung: **20 Minuten**
Kochzeit: **15 Minuten**

Für den Teig
- 1 Becher Mehl
- 3 Löffel Zucker
- 6 Löffel weiche Butter
- 3 Löffel Wasser
- *oder* 1 Fertig-Mürbeteig

Für den Belag
- 2 Löffel Zucker
- 2 Löffel weiche Butter
- 3 Äpfel
- ein paar Nüsse

Mehl, Zucker und 1 Prise Salz in dem großen Topf mischen. Butter und Wasser zugeben und alles rasch zu einem gleichmäßigen Teig verkneten. Den Teig mit den Händen auf der Backmatte ausbreiten und in der Pfanne 5 Minuten vorbacken. Dann mit Hilfe eines Tellers umdrehen und nochmals 5 Minuten backen. Mit dem Fertigteig genauso vorgehen.
Die Äpfel schälen, in dicke Scheiben schneiden und mit 2 Löffeln Butter und 2 Löffeln Zucker in dem kleinen Topf 5 Minuten weichkochen.
Die Nüsse schälen und hacken. Die Äpfel auf dem Mürbeteig verteilen und mit Nüssen bestreut servieren.

! Ein Kuchen mit frischen, ungekochten Früchten beansprucht weniger Zeit und Energie und macht weniger Geschirr dreckig. Probieren Sie ihn einmal mit gesüßtem Mascarpone und frischen Erdbeeren!

OPTIMUS

BÄRLAUCH-PESTO

Zubereitung: **10 Minuten**

- 2 Handvoll Bärlauchblätter
- 3 Löffel geriebener Parmesan
- 3 Löffel gemahlene Mandeln
- 6 Löffel Olivenöl

Die Blätter waschen und sehr fein hacken, mit den restlichen Zutaten in eine Schüssel geben und gründlich mischen.
Zu Kartoffeln, Pasta, Fisch oder Grillfleisch servieren.

GÄNSEBLÜMCHEN- ODER MARGERITEN-PESTO

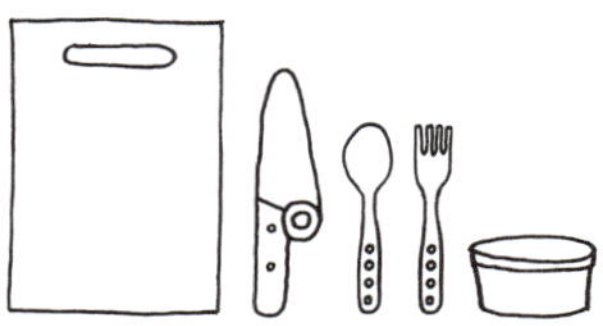

Zubereitung: **10 Minuten**

- 2 Becher Gänseblümchen- oder Margeritenblüten ohne Stiel
- 1 Knoblauchzehe oder ein paar Bärlauchblätter
- 2 Löffel Essig
- 4 Löffel geriebener Parmesan
- 6 Esslöffel Olivenöl

Die Bärlauchblätter sehr fein hacken oder den Knoblauch reiben (siehe Kasten auf Seite 32). Mit den restlichen Zutaten und etwas Salz in eine Schüssel geben und gründlich mischen.
Zu Pasta, Kartoffeln oder kaltem Fleisch servieren.

EXPRESS-PANNACOTTA

Zubereitung: **10 Minuten**
Kochzeit: **1 Minute**
Abkühlzeit: **mindestens 20 Minuten**

- 250 ml Sahne
- 1 Blatt Gelatine
- 2 Tüten Vanillezucker
- Fruchtpüree (selbstgemacht oder gekauft)

Die Gelatine in kaltem Wasser einweichen.
Sahne und Zucker erhitzen, jedoch nicht kochen lassen.
Die Gelatine darin auflösen und die heiße Sahnecreme auf Servierbehälter verteilen. Völlig abkühlen lassen und mit der Fruchtsauce servieren.

! Für ein erfrischendes Zitronenaroma geben Sie der Sahne gleich nach dem Auflösen der Gelatine noch einen Tropfen ätherisches Zitronenöl bei. Ein laktosefreies Rezept für tropische Pannacotta finden Sie auf Seite 88.

MINI-JOGHURT-FLADENBROTE

Zubereitung: **5 Minuten**
Backzeit: **2 Minuten**

- 1 Joghurt
- 2 Joghurtbecher Mehl
- ⅓ Löffel Hefe

Alle Zutaten mit einer guten Prise Salz zu einem glatten Brotteig verkneten.
Den Teig in 4 Stücke teilen und zwischen den mit Mehl bestäubten Handflächen zu flachen Broten formen.
Die Pfanne ohne Fett erhitzen und die Brote darin von beiden Seiten je 1–2 Minuten goldbraun backen.

REISSALAT-TASCHEN

NOVEMBER 2014, BAR, MONTÉNÉGRO

Trübselig schauen wir aus dem Fenster unseres kleinen und feuchten Hotelzimmers in der kleinen Stadt Bar in Montenegro. Draußen regnet es in Strömen. Die Flutwasser stürzen die betonierten Straßen hinunter. Der Wasserdruck ist so stark, dass sich sogar die Kanalisationsdeckel heben. Bald schwellen die Wassermassen zu einer wahren Sintflut an und reißen sogar Autos mit sich fort.
Wir haben kreuz und quer im unserem Zimmer Wäscheleinen gespannt, und die Zentralheizung bemüht sich nach Kräften, unsere tropfnassen Sachen zu trocknen. Während sich die Fenster von innen beschlagen, beginne ich schon das nächste Picknick zu planen.
Trotz der starken Herbstregen sind die Novembertemperaturen hier an der Südküste der Adria recht mild, sodass es auf dem Markt noch viel frisches Sommergemüse zu kaufen gibt. Besonders haben es mir die kleinen, knackigen hellgrünen Paprikaschoten angetan.
Sie sind ungeheuer praktisch als essbare Behältnisse für Reis und Salate. Einfach in Frischhaltefolie eingewickelt, wird daraus eine komplette Mahlzeit für unterwegs! *Caroline*

Zubereitung: **10 Minuten**

- 2 Becher Reis oder Grieß, gekocht
- 2 Paprikaschoten
- 1 Löffel Olivenöl
- Tomaten, Thunfisch, Mais, Fetakäse, Gurken, Oliven usw.

Den Boden der Paprikaschoten abschneiden und die Paprika aushöhlen.
Alle Zutaten fein hacken und mit Reis oder Grieß mischen. Salzen und pfeffern. Die Paprika damit füllen und zum Mitnehmen in Frischhaltefolie einwickeln.

EVA
TUNA

Burrel – ALBANIEN

BEI NIEDERTEMPERATUR GEGARTER FISCH

DEZEMBER 2014, LOUTRA EDIPSOU, EUBOS, GRIECHENLAND

Wir sind zwar offiziell mit dem Fahrrad unterwegs, aber eine bessere Bezeichnung wäre vermutlich »zwischen den Taschen«. Vorn an den Fahrrädern hängt je eine große Reisetasche, und hinten am Sattel ist ein Reiserucksack befestigt. Darin, zwischen der Seitentasche für saubere und der für schmutzige Wäsche, befinden sich Taschen für Ersatzteile und Regenbekleidung, der regenfeste Schlafsackbezug samt Schlafsack, Hüttenschlafsäcke und Luftmatratze sowie ein leichtes und schnell zu installierendes Zelt. Das Ganze ist wie eine Serie von Fraktalen, bei denen sich das Innere und das Äußere stets in ihr Gegenteil verkehren; wie ein perfekt getrimmter gordischer Knoten. Wir stecken Beutel in Beutel, zwischen die wir uns selbst schieben; wir sind quasi von einer schützenden Membran umgeben.
Beim Kochen ist der verschließbare Beutel aus Plastik das Zauberutensil unserer Reiseküche schlechthin. Man kann damit Zutaten schnell und einfach vakuumieren oder bei Niedrigtemperatur garen. Am Strand von Loutra Edipsou ergießt sich eine kleine heiße Quelle mit einer Temperatur von 80 °C ins Meer. Auf dem Weg dorthin haben sich kleine Tümpel gebildet, in denen das Wasser ein wenig kühler ist. Dort, wo das Wasser ins Meer mündet, kann man das ganze Jahr über baden. Diese Stelle ist ein wahrer Abenteuerplatz für experimentierfreudige Köche! Das Meer wird zur Vakuumpumpe und die heißen Tümpel zur Kochstelle für ein wahrhaft luxuriöses Abendessen. *Anthony*

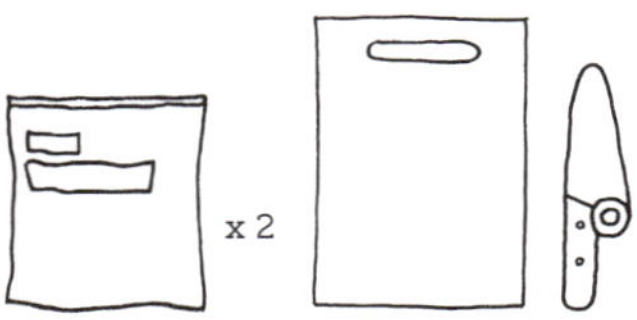

Zubereitung: 20 Minuten
Kochzeit: 25 Minuten

- 1 fangfrischer Fisch, filetiert oder im Ganzen
- 2 Löffel Olivenöl
- Gewürzkräuter wie Rosmarin, Thymian oder Salbei
- Gemüse nach Wahl

Den Fisch mit Öl einpinseln, würzen und sehr vorsichtig in einen Plastikbeutel stecken, damit der Verschluss nicht beschmutzt wird. Das Gemüse in Scheiben schneiden und ebenfalls in einen Beutel geben. Die Beutel nach dem auf Seite 26 beschriebenen Prinzip vakuumieren.
Wenn Sie, wie wir, über eine heiße Quelle verfügen, legen Sie das Gemüse an die heißeste Stelle (80/90 °C) und garen den Fisch etwa bei 50 °C. Die Garzeit beträgt etwa 25 Minuten.
Anderenfalls das Wasser in einem großen Topf zum Kochen bringen, dann die Flamme ausstellen.
Den Beutel mit dem Gemüse vorsichtig in den Topf gleiten lassen und den Deckel auflegen. Verwenden Sie, wenn möglich, die Essteller als Topfdeckel, dann sind diese beim Servieren schön warm. Nach Möglichkeit eine Decke um den Topf legen, damit sich die Temperatur darin länger hält.
Etwa 10 Minuten später den Beutel mit dem Fisch dazu legen und nochmals 15 Minuten garen lassen. Sofort servieren.

BRENNNESSELSUPPE

DEZEMBER 2014, EUBOS, GRIECHENLAND

Wo schlafen wir heute Nacht? Das ist die Frage, mit der wir jeden Tag beginnen. Und die wir jeden Tag aufs Neue beantworten müssen.
Die Antwort hängt zu einem guten Teil von der Wetterlage ab. An diesem Morgen ist das Wetter wunderbar, und so beschließen wir, einfach drauflos zu radeln, ohne uns um das Endziel große Gedanken zu machen. Was kann schon schiefgehen, wenn uns die Sonne lacht?
Wir fahren an Feldern mit Pistazienbäumen, alten Eichen und Oliven vorbei, immer mit einem wachsamen Auge auf die Straßenränder, denn die stacheligen Zweige der wilden Gehölze sind eine Gefahr für unsere Reifen. Unterwegs pflücken wir eine Tüte voll Brennnesseln.
Zehn Stunden später bereitet die Antwort auf die allmorgendliche Frage uns langsam ernsthafte Sorgen. Es wird bereits dunkel und wir sind so erschöpft von der ewigen Berg- und Talfahrt, dass wir drauf und dran sind, einfach irgendwo Halt zu machen. Doch als wir, kurz vor Einbruch der Dunkelheit, schon am Ende unserer Hoffnung sind und uns nur noch nach einem geeigneten Stück Boden umschauen, das geschützt und flach genug für ein Zelt ist, sehen wir nach der x-ten Haarnadelkurve plötzlich einen Rastplatz vor uns. Mit überdachtem Essplatz, Wasserhahn und einer wunderbaren Aussicht auf die Meerenge von Euripus – kurz: der ideale Schlafplatz! Man findet immer irgendwie die tollsten Plätze, wenn man die Hoffnung fast schon aufgegeben hat.
Nun kommt das allabendliche Ritual: Ich baue das Zelt auf, blase die Luftmatratzen auf, lüfte die Schlafsäcke, klappe die Fahrräder zusammen und schließe sie ab. Caroline kümmert sich derweil um das Essen. Unsere Vorräte sind schon ziemlich aufgebraucht. Gottseidank haben wir die Brennnesseln! *Anthony*

Zubereitung: 15 Minuten
Kochzeit: 10 Minuten

- 3 Handvoll junge Brennnesselblätter
- ½ Becher Kartoffelflocken oder 4 Löffel Mehl
- 2 Löffel Knoblauchpulver oder frisch geriebener Knoblauch
- ½ Becher Sahne

Die Blätter gut spülen und mit dem Küchenspachtel am Topf andrücken, um die brennenden Härchen zu besänftigen. Fein hacken.
4 Tassen Wasser in einen Topf geben und die Kartoffelflocken oder das Mehl darin gut verquirlen. Aufkochen lassen.
Die Brennnesseln und den Knoblauch dazugeben und 5 Minuten köcheln lassen. Die Sahne zugeben und den Topf vom Herd nehmen. Salzen und pfeffern.

! Statt der Brennnesseln kann man auch Spitzwegerich-, Löwenzahn- oder Spinatblätter sowie das Grün von Radieschen, roter Bete oder Rüben verwenden.

Daegu – SÜDKOREA

WEIHNACHTSKUCHEN

24. DEZEMBER 2014, MARMARIS, TÜRKEI

Schon seit einigen Tagen sitzen wir auf der Insel Rhodos fest und warten darauf, dass der Fährverkehr wieder aufgenommen wird. Doch der tosende Sturm hält die Schiffe an der Mole gefangen. Endlich wird die Fähre mehr schlecht als recht wieder in Betrieb genommen, und wir verlassen Europa über die aufgewühlte See. Zutiefst erleichtert setzen wir nach einer strapaziösen Überfahrt die Füße auf das asiatische Festland.
Eine E-Mail von zuhause erinnert uns daran, dass morgen Weihnachten ist. Es ist das erste Mal, dass wir ohne die Familie Weihnachten feiern, und dann noch in einem Land, in dem dieser Tag ein Tag ist wie jeder andere. Doch wir sind entschlossen, diesen Festtag zu begehen, wie es sich gehört, und radeln landeinwärts auf der Suche nach einem schönen Rastplatz. Eine nicht enden wollende Bergstraße führt uns an einen ruhigen und geschützten Platz hoch über der Bucht von Marmaris. Wir machen es uns am Lagerfeuer gemütlich. Nun kann Weihnachten beginnen!
Unser Weihnachtskuchen ist eine stark vereinfachte Version des traditionellen französischen Weihnachtsdesserts *Bûche de Noël*, einer Mokkatorte in Form eines Baumstamms. Er lässt sich allerdings nur realisieren, wenn man Außentemperaturen von unter 10 °C oder Zugang zu einem Kühlschrank hat! *Caroline*

Zubereitung: **15 Minuten**
Ruhezeit: **mindestens 30 Minuten**

- 6 Löffelbiskuits
- 100 g Blockschokolade
- 100 g Butter
- ½ Tasse starken Kaffee, gesüßt
- + 1 Bogen Frischhaltefolie, Alufolie oder Backpapier

Die Schokolade und die Butter in den kleinen Topf geben und auf kleinster Flamme gerade soweit erhitzen, dass man sie zu einer glatten Masse verrühren kann. Abkühlen lassen.
Wenn die Butter-Schokoladen-Mischung zu einer relativ dicken Masse heruntergekühlt ist, auf der Folie zu einem 15 x 20 cm großen Rechteck verstreichen. Die Löffelbiskuits rasch in den Kaffee tauchen und dann der Länge nach in der Mitte des Rechtecks aufschichten. Das Ganze zu einer Rolle formen und vor dem Servieren mindestens 30 Minuten lang so kühl wie möglich stehen lassen.

AUF DEM HOLZFEUER GEGRILLTE PILZE

JANUAR 2015, PROVINZ ALIAGA, TÜRKEI

Eine steile Bergstraße bei Minustemperaturen. Der Hagel schlägt uns ins Gesicht. Seit mir ein Reifen geplatzt ist, schieben wir unsere Räder. Es wird langsam dunkel, und wir beschließen, hier, gleichsam am Ende der Welt, auf dem ersten ebenen Stück Gelände zu übernachten. Alles ist steifgefroren, genauso wie wir selbst. Ein Feuer ist jetzt das Allerwichtigste – zuallererst einmal, um uns daran aufzuwärmen, und dann, um eine Suppe zu kochen und unsere Austernpilze zu grillen. Mit Knoblauch und Olivenöl ist das eine leichte und äußerst leckere Mahlzeit! Dann löschen wir sorgfältig das Feuer und legen uns schlafen. Im Zelt ist es 1 Grad unter Null. In die Winterschlafsäcke gehüllt, die Kapuze übergezogen und den Isolationskragen geschlossen, versuchen wir zu schlafen. Auf einmal hören wir, wie auf der Straße ein Wagen bremst und anhält. Wagentüren klappen. Mit vor Schreck geweiteten Augen sehen wir, wie der Lichtkegel einer Taschenlampe die Gegend absucht und sich schließlich auf unser Zelt richtet.

Jetzt ist mir nicht mehr kalt. Ich schlüpfe eilig in die Schuhe, krieche aus dem Zelt und schließe den Reißverschluss hinter mir. Dann stehe ich vier Männern mit Gewehren gegenüber. Jäger? Sie sehen nicht direkt bedrohlich aus, gucken aber auch nicht besonders erfreut.

Der kleinste von ihnen spricht mich an, natürlich auf Türkisch. Ich beschließe, den etwas beschränkten Touristen zu spielen. Im dicken Vliespulli und langer Unterhose in offenen Schuhen gehört dazu auch nicht viel Schauspielkunst. Ich beantworte jede seiner Fragen mit »touristi, touristi!« Dann, Gott sei Dank, bedeutet der Kleine endlich den anderen, sich zurückzuziehen. Zurück im Zelt fragt Caroline besorgt: »Was wollten die von uns?« Während ich erkläre, hören wir wenige Meter vom Zelt entfernt einen Gewehrschuss. Dann startet der Wagen und fährt davon.

10 Minuten später, während wir uns immer noch besorgt den Kopf darüber zerbrechen, was das Ganze zu bedeuten hatte, hält ein weiterer Wagen neben uns an.

Es sind wieder unsere Jäger, jetzt in Begleitung von vier mit Maschinenpistolen bewaffneten Polizisten. Sie inspizieren das Zelt. Diesmal muss auch Caroline mit herauskommen. Unsere Papiere werden kontrolliert und man fragt nach dem Grund für unseren Aufenthalt. Einer der Polizisten spricht Englisch, was das Ganze um Einiges erleichtert. Jetzt begreifen wir, dass man sich nur Sorgen machte, dass wir uns in der Kälte hier draußen den Tod holen könnten. Uff …

Unser Besuch verabschiedet sich und wünscht uns weiterhin viel Glück. Und wir hüllen uns zum dritten und letzten Mal in unsere schützenden Kokons und überlassen uns nun endgültig dem Schlaf. *Anthony*

Zubereitung: 5 Minuten
Kochzeit: 15 Minuten

- 1 kleiner Korb frischer Pilze (wie Champignons, Steinpilze, Austernpilze)
- 1 Löffel Knoblauchpulver
- 5 Löffel Olivenöl

Die Pilze grob hacken und in den Drahtkorb legen oder auf Grillspieße oder Rosmarinzweige stecken.
Mit Öl einpinseln und mit dem Knoblauchpulver bestreuen. Salzen und pfeffern.
15 Minuten über dem Feuer rösten und dabei gelegentlich umdrehen.

CHALLENGE: EISCREME IM HIMALAYA

JANUAR 2015, ANNAPURNA-MASSIV (3200 M ÜBER DEM MEERESSPIEGEL), NEPAL

Wir haben unsere Räder für ein paar Tage an sicherem Ort stehen lassen und befinden uns, gut gegen Hunger und Kälte gerüstet, auf einem 2-Tage-Trek durch das Annapurna-Massiv. Zwei Tage, um unseren Traum zu verwirklichen, im Himalaya selbstgemachte Eiscreme zu essen!
Die einzige Straße in das Massiv ist auf den ersten Kilometern flankiert von Ansiedlungen mit einem lärmenden Gewusel von Wanderern, knatternden Bussen, laut hupenden und über und über mit den Logos allgegenwärtiger Sportmarken beklebten Taxis, hoch bepackten Eseln, noch höher bepackten Sherpas und halbnackten Kindern. Die Untergeschosse der meisten Häuser wurden zu kleinen Geschäften umfunktioniert, in denen sich die Touristen vor dem Aufstieg noch mit den letzten Nahrungsvorräten versorgen können. Hier haben wir auch die kleinen Bananen für unsere Himalaya-Eiscreme gekauft. Sie wachsen tatsächlich hier vor Ort, in den Gärten der Hochebenen, an den Hängen der höchsten Berge der Welt! *Caroline*

Zubereitung: 10 Minuten
Kühlzeit: mindestens 3 Stunden

Eiscreme:
- ½ Dose Sprühsahne
- 5 Löffel gesüßte Dosenmilch
- Trockene oder frische Früchte

! Frische Früchte enthalten viel Wasser und bilden beim Gefrieren Eiskristalle, die beim Essen unangenehm knirschen. Es ist besser, sie zu einer Fruchtsauce zu verarbeiten und die Eiscreme vor dem Servieren damit zu übergießen.

Die Dosenmilch mit den gewählten Geschmackszusätzen mischen. Die Sahne darübersprühen und vorsichtig unterheben. Für mindestens 3 Stunden in den Schnee oder ins Gefrierfach stellen.

Schoko-Minze-Geschmack
3 Tropfen ätherisches Pfefferminzöl und ein paar Schokoladenraspeln in die Dosenmilch geben.

Lavendelgeschmack
4 Löffel Zitronensaft + ⅓ Tropfen ätherisches Pfefferminzöl in die Dosenmilch geben (dafür 1 Tropfen Öl in etwas Dosenmilch verrühren und nur ⅓ der Flüssigkeit verwenden).

Mate-Tee-Geschmack
1 Löffel Mate-Tee in die Dosenmilch geben.

SÜSSES TABOULÉ

Zubereitung: 15 Minuten
Quellzeit: 20 Minuten

- ½ Becher Hartweizengrieß
- ½ Becher Fruchtsaft
- 1 Löffel Honig
- 1 Löffel Olivenöl
- 1 Becher frische Früchte (wie Kiwi, Erdbeeren, Orangen) und getrocknete Früchte (wie Datteln, Aprikosen, Rosinen)
- 2 Löffel geröstete Nüsse (wie Mandeln, Haselnüsse oder Pinienkerne)

Fruchtsaft, Honig, Olivenöl und 1 Prise Salz in einer Schüssel gut mischen.
Den Grieß dazugeben.
Die Früchte klein würfeln.
Den Grieß mit der Gabel etwas auflockern und die Früchte daruntermischen. Mindestens 20 Minuten quellen lassen.
Unmittelbar vor dem Servieren die gehackten Nüsse unter das Taboulé mischen.

KARAMELLISIERTES SCHWEINEFLEISCH

Zubereitung: 10 Minuten
Kochzeit: 5 Minuten

- 250 g Schweinefleisch
- 3 Löffel Zucker
- 1 Löffel Knoblauchpulver (oder frisch geriebenen Knoblauch)
- 3 Löffel Sojasauce
- ½ Löffel Ingwerpulver oder Vier-Gewürze-Mischung (Pfeffer, Muskat, Gewürznelke und Zimt)
- 3 Löffel Zitronensaft

Das Fleisch in kleine Würfel schneiden.
Den Zucker auf höchster Flamme in der Pfanne schmelzen. Wenn er beginnt, braun zu werden, die Fleischwürfel und den Knoblauch zugeben und darin bräunen. Sojasauce und Gewürze hinzufügen und 2 Minuten lang einkochen. Den Zitronensaft zugeben, gut umrühren und servieren.

PARATHAS
(KARTOFFELPFANNKÜCHLEIN)

Zubereitung: 5 Minuten
Bratzeit: 1–2 Minuten pro Küchlein

- 1 Becher Mehl
- 1 kleiner Becher Kartoffelflocken oder 2 Becher frisch gekochtes Kartoffelpüree

Aus Kartoffelflocken:
Mehl, Flocken und 1 Prise Salz mischen. Nach und nach 1 Becher Wasser zugeben und alles zu einer gleichmäßigen Paste verrühren.

Aus frischem Püree:
Mehl und Salz mit dem Püree verrühren. Die Masse kurz durchkneten, damit sie gleichmäßiger wird. Nach Bedarf mehr Mehl oder Wasser zugeben.

Die Hände mit Mehl bestäuben und das Püree zu sehr dünnen Küchlein formen. Von beiden Seiten goldbraun braten.

TROPISCHE PANNACOTTA

MÄRZ 2015, KOH ADANG, THAILAND

Kaum in Thailand angekommen, im urbanen Dschungel Bangkoks, wo uns die Kleider von der hohen Luftfeuchtigkeit den ganzen Tag über am Körper kleben, sehnen wir uns schon nach einer frischen Meeresbrise. Hier ist zwar endlich Schluss mit Schnee und Kälte, doch nun hüllt uns die drückende Hitze ein wie ein Overall. Unser Reisevisum erlaubt uns einen 30tägigen Aufenthalt in diesem tropischen Paradies. Also stimmen wir unseren Tagesablauf minutiös auf das heiße Klima ab, um diese Zeit optimal zu nutzen. Auf ruhigen Nebenstraßen, im Schatten der Kokosplantagen, radeln wir gemächlich gen Süden. Dabei halten wir oft an und laben uns an frischem Kokoswasser aus den Kokosnüssen, die uns die Bauern mit drei gezielten Schlägen ihrer Machete trinkfertig machen.
Wir entscheiden uns für eine der Inseln im Süden des Landes im Naturpark von Koh Tarutoa: Koh Adang, ein dicht mit Dschungel bewachsenes Inselchen mit einem Wasserfall, der an Piratenlegenden denken lässt, und Mengen von weißgebleichtem Treibholz am Strand. Dank unserer Brompton-Klappräder können wir für die Überfahrt sogar auf einem der typischen, majestätischen Langboote Thailands mitfahren. Im Gepäck befinden sich drei typische Zutaten der Thai-Küche: Mangos, Agar-Agar und Kokosmilch.
Die Sonne versinkt am Horizont, und es herrscht völlige Stille. Nur eine einzelne Krabbe läuft in den leise plätschernden Uferwellen hin und her. Entspannt und fernab aller Sorgen genießen wir unsere tropische Pannacotta. *Anthony*

Zubereitung: 15 Minuten
Kochzeit: 5 Minuten
Ruhezeit: 20 Minuten

- 250 ml Kokosmilch oder -sahne
- 1 große Prise Agar-Agar (1–2 g)
- 2 Löffel Zucker oder 2 Tüten Vanillezucker
- Exotische Früchte

Alle Zutaten – mit Ausnahme der Früchte – in den Topf geben und aufkochen lassen. 30 Sekunden sprudelnd kochen lassen, dabei ständig umrühren.
In Portionsgefäße gießen und mindestens 20 Minuten ruhen lassen.
Die Früchte fein würfeln und unmittelbar vor dem Servieren auf die Pannacotta geben

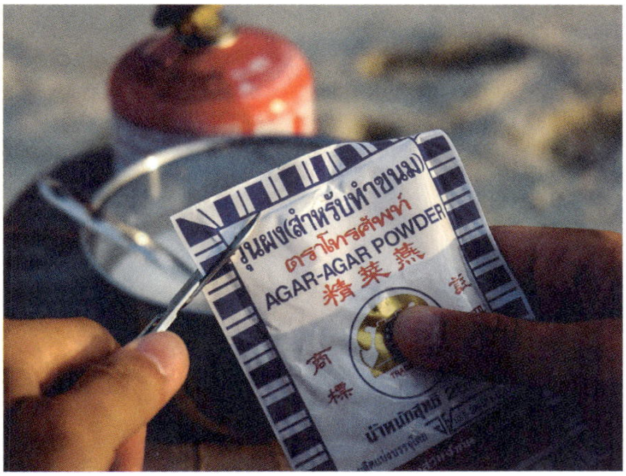
AGAR-AGAR POWDER

SHAKE WELL BEFORE USE
ตรา
ชาวเกาะ

DAMPFBROT

JUNI 2015, NOBORIBETSU, HOKKAIDO, JAPAN

Es ist bereits unser fünfter Monat in Asien. Obwohl unser Aufenthalt hier ein kulinarischer Dauergenuss ist, beginnen uns doch richtiges Brot und Milchprodukte allmählich zu fehlen …
Wir haben die Insel Honshu von Westen nach Osten und von Süden nach Norden durchquert; der zweite Teil unseres Japan-Aufenthaltes gilt nun der Insel Hokkaido. Die kühle, wilde, regnerische und grüne Landschaft hier erinnert ein wenig an das französische Zentralmassiv oder an Island im Sommer!
Die riesigen Weidelandflächen Hokkaidos sind die Basis für praktisch die gesamte Milchwirtschaft Japans. Man findet hier durchaus leckeren Käse und vor allem eine wunderbare Butter, die wir unbedingt sofort kaufen müssen – der Nachholbedarf ist einfach zu groß! Außerdem hält Butter sich hier durch die recht kühlen Außentemperaturen wochenlang frisch.
Doch ohne Brot schmeckt auch die beste Butter nicht so wirklich, und so regt sich die alte Frustration sehr schnell wieder. Also müssen wir uns irgendwie selber helfen. Heute regnet es; ich habe nichts Besseres zu tun, und so mache ich mich an die Arbeit. Ich rühre unter dem Zeltvordach einen Brotteig an, den ich morgen in aller Frühe zu backen gedenke. Es ist das erste Mal, dass ich mich an der Dampfbackmethode versuche. Sie liefert gute Resultate, verlangt aber mindestens 30 Minuten Backzeit – das ist eigentlich viel zu lange für einen Campingkocher. Doch da wir Japan bald mit dem Flugzeug verlassen werden und unsere Gaskartusche noch ziemlich voll ist, ist dies eine günstige Gelegenheit. Packen wir's an! *Caroline*

Für ein Brot von ungefähr 300 Gramm
Zubereitung: **15 Minuten**
Wartezeit: **zwischen 1 Stunde (wenn man es eilig hat) und 8 Stunden (empfohlen)**
Backzeit: **30 Minuten nach der hier beschriebenen Dampfmethode, 10 Minuten nach der Holzfeuermethode (siehe Seite 124)**

- 2 Becher Mehl
- ½ Tüte Bäckerhefe
- ½ Becher lauwarmes Wasser
- ⅓ Löffel Salz
- 1 Löffel Öl (nach Wahl; gibt eine bessere Konsistenz)

Mehl, Hefe und Salz mischen. Öl und Wasser zugeben und mit dem Löffel verrühren, dann mit den Händen weiter kneten.
Nach Bedarf entweder mehr Mehl oder mehr Wasser zugeben. Den Teig etwa 10 Minuten lang gründlich durchkneten.
Den kleinen Topf mit den Backmatten auskleiden und den Teigklumpen hineinlegen. Mindestens 1 Stunde lang, jedoch am besten über Nacht, zugedeckt gehen lassen (je länger der Teig geht, desto lockerer wird er).
2 cm Wasser in den großen Topf geben. Den Deckel des kleinen Topfs abnehmen und den Topf vorsichtig in den großen stellen. Den großen Deckel auflegen, das Ganze vorsichtig auf den Campingkocher stellen und auf mittlere Flamme regeln. Das Wasser soll kochen, jedoch nicht über den Rand des kleinen Topfs spritzen. Das Brot 30 Minuten backen, dann aus dem Topf nehmen und vor dem Anschneiden etwas abkühlen lassen.

PURE HONEY
ハチミツ

Higashikawa, Hokkaido – JAPAN

CHALLENGE: ONSEN TAMAGO

JUNI 2015, NOBORIBETSU, HOKKAIDO, JAPAN

Die Insel Hokkaido ist für ihr kühles, nebelfeuchtes und windiges Klima und für ihre heißen Quellen bekannt. Jogokudani, das »Höllental«, macht seinem Namen alle Ehre: Es ist eine post-apokalyptische, von vulkanischen Dampffontänen durchzogene Minerallandschaft, über der ein beständiger Schwefelduft schwebt.

Am Ende des Tages sind wir endlich am Ufer des Oyonuma angelangt, eines heißen, sprudelnden Kratersees, an dessen tiefster Stelle Temperaturen von rund 130 °C herrschen. An diesem Abend überziehen die aufsteigenden Wasserdämpfe die gesamte Umgebung mit einem feinen Nebel.

Die Straße endet hier. Wir schlagen unser Zelt in unmittelbarer Nähe des Ufers auf; die brodelnden Geräusche des Oyunuma wiegen uns in den Schlaf.

Bei Tagesanbruch sind wir die allerersten Besucher am Ufer und machen uns sofort daran, uns in dem heißen Seewasser einen ganz besonderen kulinarischen Leckerbissen zuzubereiten.

Onsen Tamago, wörtlich »das Ei der Quelle«, ist eine traditionelle japanische Spezialität. Der wunderbare Geschmack der gekochten Eier beruht vor allem auf der Schönheit der Zubereitungsmethode. Hier hängt alles von der Kochtemperatur ab: Nur bei exakt 65 °C nämlich wird das Eigelb so wunderbar locker, das Eiweiß so unnachahmlich cremig. Onsen Tamago werden traditionellerweise mit Dashi (einem Fischsud aus Seetang und Bonitoflocken), gewürzt mit Mirin (gesüßter Sake) und Sojasauce, serviert. *Caroline*

Zubereitung: **10 Minuten**
Kühlzeit: **mindestens 3 Stunden**

- 2 große Eier (nicht gekühlt)
- 1 Löffel Instant-Dashi
- 2–3 Löffel japanische Sojasauce
- 3 Löffel Mirin

! Als Hauptmahlzeit kann man die Eier auch mit Reis oder Ramen (japanische Nudelsuppe) servieren.

Die Eier in einen Drahtkorb legen und diesen 30 Minuten lang in eine heiße Quelle (ca. 65 °C) stellen. Wer nicht über eine heiße Quelle verfügt, gießt Wasser bis zu einer Füllhöhe von 5 Zentimetern in den großen Topf. Das Wasser zum Kochen bringen, dann den Topf vom Feuer nehmen und die Eier vorsichtig für 30 Minuten in das Wasser geben. Den Topf nach Möglichkeit mit Decken etc. umwickeln, damit das Wasser nicht so schnell abkühlt. Einige Minuten vor dem Herausnehmen der Eier eine Brühe zubereiten. Dafür 1 Becher Wasser mit Dashi-Pulver, Soja und Mirin in dem kleinen Topf aufkochen und 1 Minute sprudelnd kochen. Die Eier aus dem Wasser nehmen und sehr vorsichtig in Suppenteller aufschlagen. Mit der Brühe übergießen.

NORDAMERIKA

Centralia, Washington – USA

HÜHNER- ODER SCHWEINEFLEISCH MIT HONIGGLASUR

Zubereitung: 3 Minuten
Kochzeit: 5 Minuten

- 300 g Schweinefleisch oder Hähnchenbrüste ohne Haut (je 150 g)
- 2 Löffel Honig
- 3 Löffel Sojasauce
- 1 Löffel Knoblauchpulver oder frisch geriebener Knoblauch
- 1 Schuss Olivenöl

In der Pfanne

Das Fleisch in feine Scheiben schneiden. Das Öl in der Pfanne erhitzen und das Fleisch darin anbraten. Knoblauch und Sojasauce zugeben und einkochen lassen. Den Honig zugeben und das Fleisch darin rasch auf höchster Flamme glasieren.

Auf dem Grill

Knoblauch, Sojasauce, Öl und Honig zu einer Marinade rühren. Das Fleisch in feine Scheiben schneiden und auf Bratspießen anrichten. Die Spieße 10 Minuten lang in die Marinade legen. Das Fleisch etwa 10 Minuten lang grillen, dabei die Spieße regelmäßig wenden.

PFANNEN-COOKIES

Zubereitung: 5 Minuten
Backzeit: 8 Minuten

- 5 Löffel weiche Butter oder Öl
- ½ Becher Zucker
- 1 Becher Mehl
- ⅓ Löffel Hefe
- ½ Becher grob gehackte Schokolade und gehackte Nüsse oder Mandeln

Fett und Zucker in der Schüssel mit der Gabel gut mischen. 5 Löffel Wasser, das Mehl, die Hefe und 1 Prise Salz zugeben und zu einem glatten Teig verrühren. Schokolade und Nüsse dazugeben. Der Teig soll gut zusammenhängen.
Die Pfanne auf schwacher Flamme erhitzen (sofern diese nicht antihaftbeschichtet ist, die Backmatte in die Pfanne legen). Aus dem Teig kleine Kugeln formen und etwas flach drücken.
Die Cookies in die Pfanne legen und 5 Minuten backen, dann wenden und nochmals 3 Minuten backen.

AMERIKANISCHE PFANNEN-PIZZA

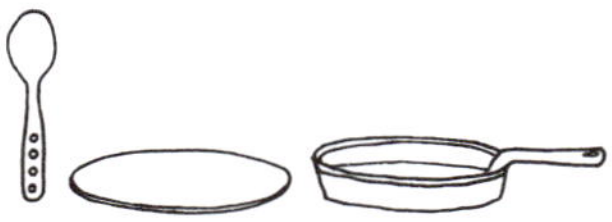

Zubereitung: 10 Minuten
(mit Fertig-Pizzateig)
Backzeit: 10–15 Minuten

- 1 Pizzateig (entweder fertig gekauft oder nach dem Rezept auf Seite 92 hergestellt)
- ½ Becher Tomatensauce
- 1 Becher Belag (Schinken, Thunfisch, Pilze, Gemüse, Oliven etc.)
- 1 Becher Käse, gerieben oder in feine Scheiben geschnitten

Den Teig auf einer Backmatte ausrollen und in die Pfanne legen.
Den Campingkocher auf die kleinste Flamme stellen. Die Tomatensauce auf dem Teig verstreichen, dann den Belag darüber verteilen und mit dem Käse bestreuen/belegen. Deckel auflegen und etwa 10 Minuten backen (bis der Käse geschmolzen ist).

! Wenn Sie eine Pfanne mit einem Durchmesser < 22 cm verwenden, alle Portionen halbieren und 2 Pizzen backen.

HOLUNDERBLÜTEN-SONNENTEE

Zubereitung: 5 Minuten
Wartezeit: 6 Stunden

- 6 Holunderblütendolden ohne Stiel
- Behälter aus Glas oder klarem Plastik

Den Behälter gut reinigen. Die Blütendolden hineingeben und mit Wasser auffüllen. Den Behälter für ungefähr 6 Stunden in die Sonne stellen, dann die Blüten abseihen.

! Das Prinzip des Sonnentees ist eine Kaltinfusion bei ungefähr 40 °C. Dabei können sich Aromen entfalten, die bei höheren Temperaturen verlorengehen; der Tee schmeckt dadurch zarter und intensiver. Versuchen Sie es auch einmal mit schwarzem Tee oder frischen Orangenblüten!

Humboldt, Kalifornien – USA

BLÜTEN-KRAPFEN

AUGUST 2015, HUMBOLDT NATIONAL PARK, KALIFORNIEN, USA

In Nordamerika hat das Sonnenlicht einen leichten Stich ins Orangefarbene, denn vor unserer Ankunft haben in der gesamten Region von Vancouver in Kanada bis hinunter nach Portland schwere Feuer gewütet. Der dadurch in die Atmosphäre aufgewirbelte Aschestaub filtert das Sonnenlicht und bedeckt alles mit einem hauchfeinen Schleier. Er gelangt sogar bis tief in unsere Luftröhre hinein.
Auf der atemberaubenden Küstenstraße sind Fahrradtouristen aus aller Welt unterwegs. Hier haben wir Mathias getroffen, der mit seinem Tricycle samt Anhänger von Montreal aus quer durch die USA gefahren ist, und Sara aus Kansas mit einem Lächeln so groß wie ihr Heimatstaat. Sie beide sind uns irgendwie ähnlich, denn wie wir haben sie einfach alle Zweifel beiseitegewischt und sich auf eine waghalsige und verrückte Abenteuerreise begeben.
Also radeln wir gemeinsam weiter und erzählen dabei von unserem Leben, tauschen Vorurteile über unsere jeweiligen kulturellen Hintergründe aus, reden über das Glück, ein Ziel vor Augen zu haben, und darüber, was wir bei unserer Heimkehr als erstes essen werden. Wir radeln und schwatzen und halten nur ab und zu für ein kleines Picknick an.
Carolines Motivation für diese Expedition, für ihre Reiselust insgesamt, ist die Entdeckung immer neuer kulinarischer Köstlichkeiten. Seit einigen Tagen sind die fröhlichen weißen Dolden der Wilden Möhre an den Wegrändern aufgeblüht. Eine wunderbare Gelegenheit, zur Kaffeezeit gleich am Wegrand ein paar Blütenkrapfen zu servieren! *Anthony*

Zubereitung: **10 Minuten**
Kochzeit: **10 Minuten**

- 1 Becher Mehl
- ½ Becher Zucker
- ½ Löffel Trockenhefe
- 12 Blütendolden der Wilden Möhre
- etwa 1 Becher Pflanzenöl zum Frittieren

Die trockenen Zutaten mit 1 Prise Salz in einer Schüssel mischen. ½ Becher Wasser dazugeben und gründlich verrühren. Wer mag, gibt noch 1 Tropfen ätherisches Zitronenöl dazu.
Die Blüten waschen und trockentupfen. (Früchte waschen oder schälen).
Das Öl auf mittlerer Flamme erhitzen. Die Blütendolden/Früchte in den Teig tauchen und in dem heißen Öl goldbraun frittieren. Sofort servieren.

! Statt der Wilden Möhre kann man auch Akazien-, Holunder- oder Fliederblüten sowie junge Blätter von Weinreben, Kirsch- oder Zitrusbäumen nehmen oder natürlich Früchte aller Art.

Am Titicacasee – PERU

AVOCADO-BROWNIE

SEPTEMBER 2015, ISLA DEL SOL, TITICACASEE, BOLIVIEN

Die Fuerte-Avocado wächst im Amazonasgebiet Perus und ist eine für die Reiseküche wunderbar geeignete Fettquelle, besonders zum Backen. Avocados lassen sich besser transportieren und verderben nicht so schnell wie Butter. Daher versorgen wir uns auf dem Markt von Yunguyo, direkt an der Grenze zu Bolivien, noch reichlich mit den reifen Früchten.
Und dann machen wir uns auf die Überfahrt zur Isla del Sol, der geheimnisvollen »Sonneninsel«, die 4000 Meter hoch über dem Meeresspiegel mitten im Titicacasee liegt. Und wir kämpfen uns die steilen Bergpfade hinauf auf der Suche nach dem Felsen, auf dem die Geschichte der Inka ihren Anfang genommen haben soll.
Genau hier wird unsere Reise zur echten Bewährungsprobe, denn die dünne Höhenluft nimmt uns den Atem und zwingt uns zum respektvollen Schweigen, während wir uns dem Gipfel nähern. Unter der drückenden, sengenden Sonne suchen wir nach Schatten, doch abgesehen von ein paar nach Menthol duftenden Eukalyptusbäumen wächst hier nicht viel. Also warten wir sehnlichst auf den Abend. Und dann erstrahlt plötzlich alles im Licht der untergehenden Sonne: die Buchten, der königsblaue See und fern am Horizont die Gipfel des Illimani in der Cordillera Real. Und so wird unser Aufenthalt auf der Sonneninsel zu einem wahrhaft sagenhaften, magischen Ereignis! *Caroline*

Zubereitung: **5 Minuten**
Backzeit: **10 Minuten**

- ½ reife Avocado
- 1 Ei
- ½ Becher Kakaopulver
- 6 Löffel Zucker
- 1 Tüte Vanillezucker
- 1 Handvoll zerdrückter Nüsse (wie Mandeln, Hasel- oder Walnüsse, Paranüsse)

Die Avocado in einer Schüssel mit der Gabel zerdrücken. Ei, Kakao, Zucker, Vanillezucker und Nüsse dazugeben und alles zu einem glatten Teig verrühren. Die Backmatte in die Pfanne legen und den Teig darauf verteilen. Den Deckel auflegen und den Kuchen auf kleiner Flamme etwa 5 Minuten backen, bis sich an der Unterseite eine feine Kruste gebildet hat. Den Kuchen mithilfe eines Tellers umdrehen und nochmals einige Minuten backen. Warm servieren.

FISCH-TARTAR
IN DER MARACUJASCHALE

Zubereitung: **10 Minuten**
Wartezeit: **5 Minuten**

- 2 Maracujafrüchte
- 100 g Fisch oder Jakobsmuscheln ohne Corail (entweder fangfrisch oder tiefgefroren)
- 2 Löffel Olivenöl
- 1 Prise Salz

Die Maracuja halbieren und aushöhlen. Das Fruchtfleisch mit Öl und Salz verrühren. Die Schalenhälften aufbewahren.
Den Fisch oder die Muscheln fein hacken, mit der Frucht-Öl-Mischung verrühren und das Ganze 5 Minuten stehen lassen.
Zum Servieren in die Maracujahälften füllen.

NUTELLA-BROWNIE

Zubereitung: **2 Minuten**
Kochzeit: **5 Minuten**

- 7 Löffel Mehl
- 7 Löffel Nutella (oder eine andere Nuss-Nougat-Creme)
- 1 Ei

Alle Zutaten gut mischen.
Die Backmatte in die Pfanne legen und den Teig darauf verteilen.
Den Deckel auflegen und den Kuchen auf kleiner Flamme etwa 3 Minuten backen, bis sich an der Unterseite eine feine Kruste gebildet hat. Dann mithilfe eines Tellers umdrehen und nochmals 2 Minuten backen. Der Brownie soll innen noch flüssig sein. Warm servieren.

HEISSE ZITRONE MIT HONIG

Ergibt 2 Tassen
Zubereitung: **2 Minuten**

- 2 Löffel Honig
- 2 Tropfen ätherisches Zitronenöl

Wasser aufkochen. Je 1 Löffel Honig und 1 Tropfen Öl in eine Tasse geben und gut verrühren. Mit dem heißen Wasser aufgießen, nochmals umrühren und genießen.

! Wenn Sie statt der Tassen Becher verwenden, sollte die Menge verdoppelt werden. Wunderbar lindernd bei Halsschmerzen. Für ein kühlendes Getränk statt des Zitronenöls Pfefferminzöl nehmen und mit kaltem Wasser aufgießen.

EXPRESS-GNOCCHI
(OHNE KLEBRIGE FINGER ZU BEKOMMEN)

SEPTEMBER 2015, SALAR D'UYUNI, BOLIVIEN

Alles begann im Mai 2015. Wir befanden uns mitten in Südkorea auf dem platten Land UND auf dem Fahrradweg, der das Land von Nord nach Süd durchquert. Caroline hatte sich eine schlimme Bronchitis zugezogen, so dass wir gezwungen waren, ein paar Tage zu pausieren. Unser Zelt hatten wir auf dem Gelände eines verlassenen Vergnügungsparks aufgeschlagen, und nach drei Tagen waren unsere Vorräte bis auf ein wenig Mehl, eine Handvoll Kartoffelflocken und eine letzte Tüte Tomatensuppe aufgebraucht. Zu allem Überfluss regnete es in Strömen! Die Antibiotika, die Caroline sich selbst verabreicht hatte, brachten als Nebenwirkungen ziemliche Gleichgewichtsstörungen mit sich. Mehr oder weniger im Zelt liegend und mit Hilfe des lebensgefährlich unter dem Vordach aufgebauten Campingkochers machte sie sich dennoch daran, eine rasch improvisierte und sättigende Mahlzeit aus den zur Verfügung stehenden Resten zuzubereiten.
Im Handumdrehen waren die rasch und mit wenigen Mitteln hingezauberten Gnocchi fertig! Und das ohne Plan und ohne sich die Finger schmutzig zu machen!
Hingerissen von ihrem Geschmack und der schnellen und einfachen Zubereitung, haben wir die Gnocchi auf dieser Reise noch oft gekocht. Die Fotos allerdings haben wir ein paar Monate später auf der anderen Erdhalbkugel aufgenommen, und zwar mitten in der größten Salzwüste der Erde. *Anthony*

Zubereitung: **5 Minuten**
Kochzeit: **2 Minuten**

- 1 Becher Mehl
- ½ Becher Kartoffelflocken
- 1 Prise Muskat

Das Wasser in dem großen Topf erhitzen.
Derweil in der großen Schüssel Mehl, Kartoffelflocken und je 1 Prise Muskat und Salz gut mischen und mit 1 Becher Wasser zu einer gleichmäßigen und leicht elastischen Masse verrühren. Dann nach und nach mit der Löffelspitze Portionen in Gnocchigröße abstechen und in das kochende Wasser geben. Dabei löst sich übrigens der Teig ganz von selbst vom Löffel.
Sowie die Gnocchi an die Oberfläche steigen, jeweils mit dem Löffel herausheben. Je nach Vorrat und Geschmack mit einer passenden Sauce oder etwas Olivenöl servieren.

Abra Pampa – ARGENTINIEN

HOLZFEUERBROT

OKTOBER 2015, NATIONALPARK LANIN, ARGENTINIEN

Seit mehr als 370 Tagen stellt sich uns morgens, noch bevor wir die Augen öffnen, dieselbe Frage: »Wo bin ich?« Diese Frage ist wie der Erdboden in einem dieser Träume vom freien Fall. Immer wieder derselbe Traum, immer wieder dasselbe unsanfte Erwachen. Rumms. Die allmorgendliche Beklemmung des Vagabunden. Momentan befinden wir uns im Nationalpark von Lanin. Wir sind von der chilenischen Grenze aus auf einer staubigen Straße hierher gelangt und haben die Nacht auf dem Gelände eines Campingplatzes verbracht, der, am Ende der Saison, bereits geschlossen hat. Hier, so nahe am Eisvulkan und so fernab vom nächsten Ort, wirkt die Umgebung wie aus der Zeit gefallen. Kleine Habichte mit stämmigen Beinen umkreisen uns, die braunen Federn auf ihren Rücken erinnern an Schuppen. Auch die Stämme der Araukarien, heimische Koniferen mit uraltem Stammbaum, erinnern an die Haut von Reptilien, und man meint, sich in grauer Vorzeit in einer jurassischen Landschaft zu befinden.
Nach einer kalten Nacht freuen wir uns immer besonders auf das Frühstück. Und das Beste am Frühstück ist das Brot! Unser Teig hatte die ganze Nacht über Zeit zum Aufgehen, und so hat er nun die perfekte Konsistenz. Und da uns irgendwer erzählt hatte, dass man mit Hilfe eines großen Topfs und etwas Feuerholz auf dem Campingkocher wie in einem richtigen Ofen Brot backen kann, wollten wir den Tag mit diesem Vorhaben beginnen … Endlich haben die ersten Sonnenstrahlen auch uns erreicht. Ich hole Wasser aus dem nahen Bach, um Kaffee zu kochen. Und dann streiche ich Honig auf die dicken, knusprigen Scheiben des frischen, warmen Brotes. Es ist mir egal, wo ich bin; der Duft von Kaffee und frischem Brot hat jegliches Gefühl der Beklemmung schon längst vertrieben. *Anthony*

Zubereitung: 15 Minuten
Ruhezeit: zwischen 1 Stunde (für Eilige) und 8 Stunden (empfohlen)
Backzeit: 10 Minuten nach der hier gezeigten Holzfeuermethode, 30 Minuten nach der Dampfmethode (siehe Seite 92)

- 2 Becher Mehl
- ½ Tüte Bäckerhefe
- ½ Becher lauwarmes Wasser
- ⅓ Löffel Salz
- 1 Löffel Öl (optional, je nach Konsistenz des Teigs)

Mehl, Hefe und Salz gut mischen. Das Wasser zugeben und den Teig mit dem Löffel verrühren, dann mit den Händen weiterkneten. Nach Bedarf entweder mehr Mehl oder mehr Wasser zugeben, nach Wunsch etwas Öl hinzufügen. Den Teig etwa 10 Minuten lang gründlich durchkneten.
Den kleinen Topf mit den Backmatten auskleiden und den Teigklumpen hineinlegen. Mindestens 1 Stunde lang, jedoch am besten über Nacht gehen lassen (je länger der Teig geht, desto lockerer wird er).
Das Brot etwa 10 Minuten nach der auf Seite 25 beschriebenen Methode backen. Dadurch erhält man das beste Brot, das man unterwegs überhaupt backen kann!

PRO-GAS

PRO-GAS

SCHNELLE SCHOKOCREME

OKTOBER 2015, VILLARINO-SEE, STRASSE DER SIEBEN SEEN, PATAGONIEN, ARGENTINIEN

Im Süden des Nationalparks Lanin liegen sieben Seen, die den Gletscher, aus dem sie entstanden sind, noch erahnen lassen. Der Wind peitscht hier mit ungeheurem Getöse durch die Baumwipfel und schleudert uns die Feuchtigkeit des Sees in die ohnehin schon vom Regen nassen und steifgefrorenen Gesichter. Es ist so kalt, dass Caroline beim Kochen die Handschuhe anbehält. Sie schüttet das Kakaopulver in den Topf, das der Wind zum Teil gleich wieder herausbläst und es mit dem Rauch des Campingkochers verwirbelt. Das Maismehl formt einen kleinen Vulkan im Topf, die Milch Seen und kleine Flüsse. Ich beobachte geistesabwesend, wie sich die Zutaten schließlich zu einer Einheit verbinden, die niemand mehr trennen kann.
So weit entfernt von allem Komfort und so nah am Ziel unserer Reise wärmt uns diese Schokocreme Herz und Gemüt. *Anthony*

Zubereitung: **5 Minuten**
Kochzeit: **10 Minuten**
Abkühlzeit: **mindestens 30 Minuten**

- ½ Becher Kakao
- ½ Becher Zucker
- 2 Löffel Maismehl
- 3 Becher Vollmilch

Kakaopulver, Zucker und Maismehl direkt im Topf mischen.
Die kalte Milch zugeben und gut verrühren.
Die Mischung aufkochen und auf kleinster Flamme 5–10 Minuten unter ständigem Rühren stocken lassen. Die Flamme kurz vor Erreichen der gewünschten Konsistenz ausschalten. Abkühlen lassen und kalt servieren.

! Für eine Kaffeecreme nimmt man statt des Kakaopulvers 3 Löffel Instant-Kaffee und 1 zusätzlichen Löffel Maismehl.

SanCor
Leche
entera
B9

Wir haben Patagonien erreicht, die letzte Etappe unserer Reise. Die Straße geht schnurgeradeaus nach Süden. Schon seit 2000 Kilometern fahren wir auf das Ende des Panamerican Highways zu, und der Wind ist dabei unser ständiger Begleiter. Er bläst uns ins Gesicht und über uns hinweg, und wir kämpfen uns vorwärts, treten, die Augen stur nach vorn gerichtet und ohne uns darüber zu ärgern, in die Pedale. Wir kommen uns vor wie zwei vergessene Zugvögel auf dem Weg nach Süden. Der Wind spielt mit uns, er umfächelt uns, aber er kann uns nicht mehr aufhalten. Wir nehmen ihn einfach hin und sind dadurch ganz plötzlich frei.

In Argentinien sind nur die Hauptstraßen asphaltiert. Alle anderen sind Sandpisten voller Staub, der von den ständig darüber hinwegfahrenden Geländefahrzeugen hoch aufgewirbelt wird und das Sonnenlicht zu einem ewigen Sonnenuntergang filtert. Man befindet sich hier buchstäblich am Ende der Welt, inmitten prähistorischer Landschaften mit Vulkanen und glasklaren Seen, und nach beinahe 400 Tagen Vagabundenleben ist das nahe Ende irgendwie schwer fassbar. Die Heimreise, die Abfahrt, die Ankunft – alles verschwimmt vor unserem Geist zu einer undefinierbaren Einheit. Wir haben längst nicht mehr das Gefühl, aus einer anderen Welt zu kommen. Wie in einem Traum, in dem die Wege ins Unendliche verlaufen und man läuft und läuft und kommt doch niemals an. Die Zeit spielt keine Rolle mehr, und das Ende hat aufgehört zu existieren.

Wir legen die letzte Etappe unserer Reise quasi im Halbschlaf zurück.

Wir würden das letzte Stück Weg bis zur Endstation gern überspringen – diese Lockung des Horizonts, der Transmission, die Abenteuer in Sein verwandelt.

Heute, angekommen am Ende der Welt, liegt der Weg schlussendlich hinter uns; wir sind da, wir sind dieses Anderswo; durch das Bestehen des Abenteuers sind wir das Abenteuer geworden. Ohne den Weg dorthin hat der lockende Horizont aufgehört zu existieren. Und so ist das, was das Ende hätte sein sollen, nun ein neuer Anfang geworden.

Ich hätte nie gedacht, dass wir es bis hierher schaffen würden, und doch sind wir jetzt hier. Es gibt ein Ende der Welt, und wir haben es zusammen entdeckt. Nun können wir unseren Weg zusammen weitergehen. Der eroberte Horizont erfüllt uns mit Selbstvertrauen. Denn da uns nichts aufhalten konnte, da wir beide das Vertrauen nie verlieren werden und da die Welt rund ist, ist jedes Ende nur ein Anfang. Nun, im November 2015, kehren wir heim. *Anthony*

Caroline Lopez,
Produktdesignerin

Caroline hat ihr Designstudium mit großer Begeisterung absolviert. Dabei hatte es ihr besonders das Produktdesign mit Schwerpunkt Kochgeräte/Küchenzubehör angetan. Zu Beginn ihrer Weltreise, mit dem Diplom frisch in der Tasche, war sie 25 Jahre alt. Caroline sah diese Reise vor allem als kulinarisches Abenteuer, denn sie ist der Ansicht, dass die »wilde Küche« ein immenses, viel zu selten genutztes Potential bietet. Sie findet, dass die Ernährung auf Reisen zwar nicht immer einfach ist, doch unter gewissen Umständen ist die »wilde Küche« durchaus imstande, mit den geringfügigsten Zutaten geradezu Großes zu schaffen. Caroline läuft immer dann, wenn es an ihren Lieblingsgerichten oder -zutaten mangelt, zur Hochform auf. Fernab von ihrer gewohnten Umgebung und ihren Gewohnheiten wagt sie es dennoch, von Eiscreme, von Picknicks an heißen Quellen und von italienischer Sterneküche mitten in der Wüste zu träumen. Und sie macht sich mit großem Kampfgeist an die Verwirklichung ihrer Träume. Im unendlichen Raum der Reiseküche, am anderen Ende der Welt, verwandelt Caroline die einfachsten Zutaten in geradezu kulinarische Hochgenüsse!

Anthony Laguerre,
Fotograf des Buches

Schon im Alter von 5 Jahren nahm Anthony seine Spielzeuge auseinander und baute sie dann sorgfältig wieder zusammen. Ihm ist es wichtig, selbst herauszufinden, wie Sachen zusammengesetzt sind und wie sie funktionieren. Diese unstillbare Neugier hat er sich seit seiner Kindheit bewahrt. Er ist außerdem autodidaktischer Musiker und Fotograf und gehört zu jener Sorte von Menschen, die einfach niemals etwas aufgeben, was sie einmal begonnen haben. Mit 31 Jahren, nach dem Studium der Physik und Chemie, Kinematographie, Astrophysik und Mechanik kündigte er seinen Job als Konstruktionsingenieur, um seine persönliche Komfortzone zu verlassen und die Welt mit eigenen Augen zu sehen. Ein unbegrenztes Forschungsgebiet!

DANK GEBÜHRT...

...unseren Sponsoren,
die dazu beigetragen haben, unseren Traum zu verwirklichen:

der Firma **Brompton**, die Caroline mit Fahrrad und Zubehör ausgestattet hat, vor allem **Mike Rolph** von Brompton London für sein Vertrauen und **Gilles Perez** von Brompton Paris für seine unendliche Freundlichkeit;

Bruno, Ben und **Flo**, den talentierten Mitarbeitern der Kommunikationsagentur NEA, die unseren gesamten Websupport gestaltet haben (nea-design.fr);

Thierry Vanzetto für die finanzielle Unterstützung;

Cyclable Grenoble und **Cyclable Montpellier** für ihren Enthusiasmus und die tatkräftige Unterstützung unserer Reise;

Mod und **Tiny Wheels**, die Brompton-Experten in Bangkok, für die kostenlose Inspektion unserer Fahrräder nach 5 Monaten unterwegs sowie für zahllose Ersatzteile;

Van's Urban Bicycle, die Brompton-Spezialisten in Kuala Lumpur, für den überaus großzügigen und freundlichen Service;

Loro Cycleworks in Osaka für die Inspektion unserer Fahrräder nach 8 Reisemonaten und die zahlreichen Gratis-Ersatzteile;

...unseren wunderbaren Reisebekanntschaften,
die uns Arme, Herz und Türen geöffnet und spontan den Tisch für 2 Personen mehr gedeckt haben: **Gregory** vom Hospice du Petit Saint-Bernard; **Pippo, Elena** und **Andrea, Aleks, Georges, Sandra, Zorika, Apostolis; Bora** und seine Familie; **Birkan, Louis, Timur** und **Anne-Lise, Bijay und Maëlle; Amann, Kla und Som, die Mönche** des Tempels Thong Tom Yai; **Peepid, Sherilyn** und ihre Familie; **SeeSee, Goh, Mish, Edmund** und **Annabelle; Siew, Norman, Evelyne, Patricia, Carina; Marshall** und seine Familie; **Akira, Minlab, Shin Il Soo, HyeLi, Atsushi** und **Kay**; Herr und Frau **Yamamoto**, Frau **Kyota, Maya, Gili** und **Neil, Stéphanie** und **Zack, Michael** und **Margreth, Jeff** und **Rosemary, Daemon, Betsy** und **Randy, Aimee** und **Casey, Mary** und ihre Familie; **Mathieu, Ezio** und seine Eltern; die **argentinischen Polizisten** am Aconcagua-Pass; **Léna und Aner; Elena**, ihre Schwestern und ihre Mutter; **Ana-Maria** und **Ignacio; Kikou, Julien** und **Marion, Lionel** sowie **Jocelyne** von der Domaine du Coriançon;

…unseren Reisekameraden,
Fahrradtouristen wie wir, mit denen zusammen wir unvergessliche Momente erleben durften: **Clive** aus England, **Thiago** und **Julie** aus Brasilien, **Mathias** aus Annecy, **Sara** aus Kansas sowie **Pauline** und **Christophe** aus Belgien;

…unseren treuen Fans,
die uns den Gegenwind an 400 Reisetagen in Rückenwind verwandelt haben: **Anne, Fred** aus Saint-Étienne, **Jacqueline** und **Marc, Lina Tornare,** Familie **Zino,** Familie **Peres** und all unsere Freunde und Familien, sowie allen, die uns zwar nicht persönlich kennen, doch trotzdem regelmäßig Worte der Ermunterung geschickt haben;

…denjenigen, die uns täglich begleiten
und immer treu zur Seite stehen: Unseren Eltern, **Joëlle, René, Françoise** und **Alain** und unseren Geschwistern **Magali, Mickaël** und **Pierre,** unseren geliebten Großeltern **Alfonso** und **Geneviève** und der Familie **Broc.**

Danke an alle Menschen, ohne die dieses Buch nicht zustande gekommen wäre:

Marc Brétillot für die Inspiration und die fachliche Unterstützung;

Martine Camillieri für die Unterstützung und die wertvollen Ratschläge. Danke vor allem dafür, uns die Augen für das Kochen mit wenigen Mitteln geöffnet zu haben;

Sabine von Éditions Alternatives für das Vertrauen und die Begeisterung für das Projekt von Anbeginn an; der talentierten Grafikerin **Lydia** für ihre Geduld und ihren wunderbaren Sinn für Humor;

Clémence, Jeanne, Siobhan, Jessica, Rachel und **Marion** aus dem Studio Exquisite für die ausgezeichneten Ratschläge während des gesamten Abenteuers und für das Lektorat/ die Übersetzung unserer Texte;

…und nicht zuletzt meinem Reisebegleiter **Anthony** für seine Sanftheit, seine Geduld und sein Talent: Danke für Deine Unterstützung als Reiseleiter, Bodyguard, Geliebter, Partner in Freud und Leid sowie Fotograf für dieses Buch und dass du so oft (fast) ohne Murren auch mit kalter Küche vorliebgenommen hast;

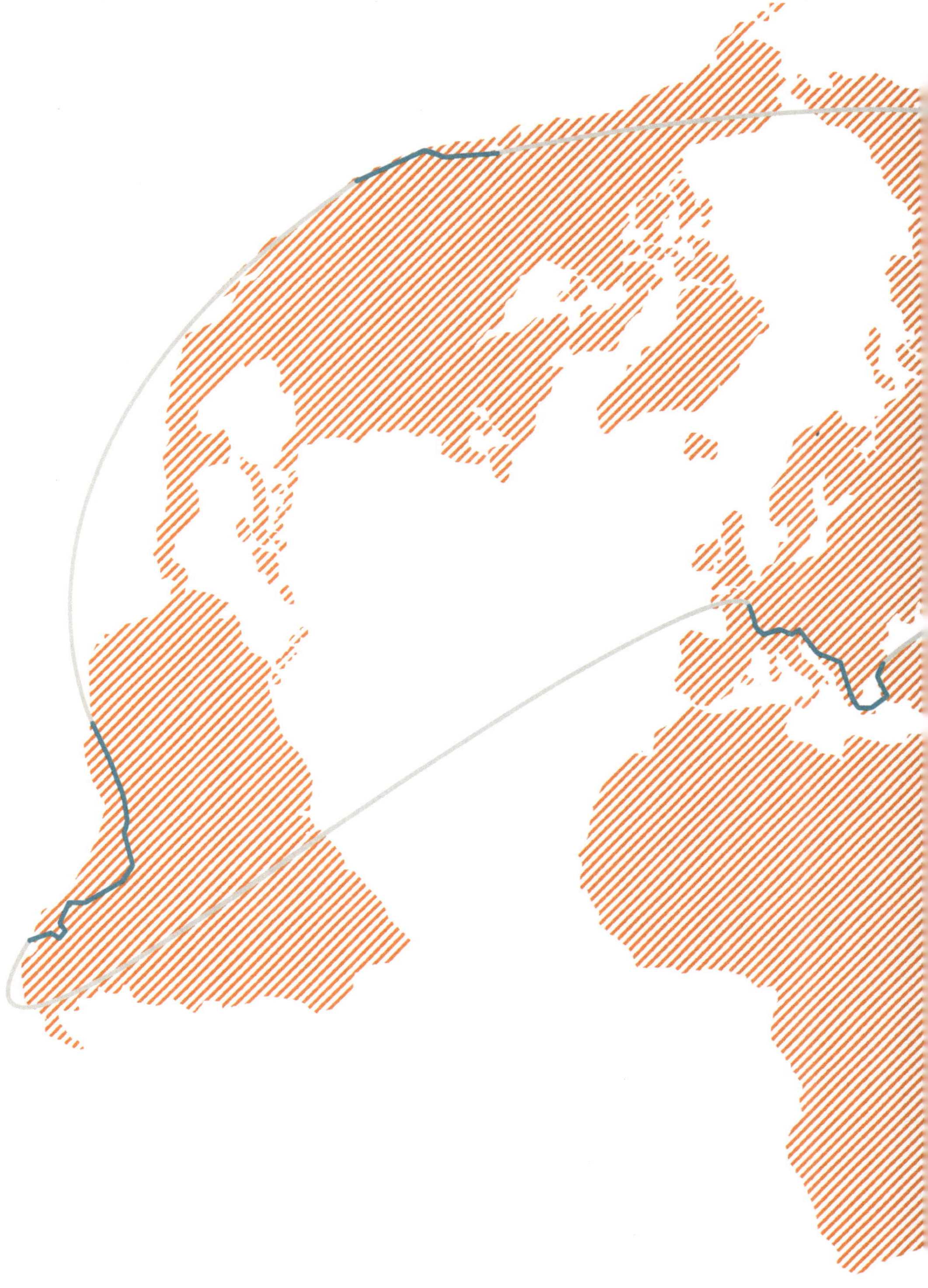

Über diesen QR-Code erhalten Sie alle Rezepte gratis zum Download

Aus dem Französischen übersetzt von Frauke Watson

1. Auflage

Deutsche Verlags-Anstalt, München,
in der Verlagsgruppe Random House GmbH,
Neumarkter Straße 28
81673 München

Titel der französischen Originalausgabe
Cuisin'situ. Cuisine aventurière sur les
routes d'un tour du monde à vélo

5, rue Gaston-Gallimard, Paris VII°.
www.editionsalternatives.com

Satz der deutschen Ausgabe:
ew-print & medien service gmbh, Würzburg
Produktion der deutschen Ausgabe: Andrea Cobré
Druck und Bindung: DZS
Gedruckt auf FSC zertifiziertem Papier – *Tauro Offset*

FSC www.fsc.org
MIX
Papier aus verantwortungsvollen Quellen
FSC® C110418

Printed in Bosnia
ISBN 978-3-421-04075-6

www.dva.de